Inez De Florio-Hansen

KI-Tools für den Englischunterricht

Ein praxisnaher Ratgeber mit zahlreichen Unterrichtsbeispielen

Inez De Florio-Hansen

KI-TOOLS FÜR DEN ENGLISCHUNTERRICHT

Ein praxisnaher Ratgeber mit zahlreichen Unterrichtsbeispielen

ibidem Verlag

Bibliografische Information der Deutschen Nationalbibliothek
Die Deutsche Nationalbibliothek verzeichnet diese Publikation in der Deutschen Nationalbibliografie; detaillierte bibliografische Daten sind im Internet über http://dnb.d-nb.de abrufbar.

Bibliographic information published by the Deutsche Nationalbibliothek
Die Deutsche Nationalbibliothek lists this publication in the Deutsche Nationalbibliografie; detailed bibliographic data are available in the Internet at http://dnb.d-nb.de.

Covergrafik: Illustration 107802106 | Abstract © Vs1489 | Dreamstime.com

ISBN-13: 978-3-8382-1925-7

Printed in the EU

Inhaltsverzeichnis

Teil I: Grundlagen für den Einsatz von KI-Systemen im Englischunterricht

In **Kapitel 1** geht es neben einer kurzen Einführung in die Technologie, auf der KI-Sprachmodelle und generative Systeme basieren (**1.1**), um weitere für den Einsatz der Tools in Schule und Unterricht wichtige Aspekte. Am Anfang stehen Fragen des Urheberrechts und des Datenschutzes (**1.2**). Es folgt eine Darstellung der Entstehung und Entwicklung von KI anhand des Turing-Tests und des *Chinese Room* von J. Searle (**1.3**), die zu einer genaueren Beschreibung verschiedener Algorithmen überleitet, die eine Anwendung wie ChatGPT ermöglichen (**1.4**). Abschnitt **1.5** behandelt die Unzulänglichkeiten solcher KI-Systeme, die insbesondere bei ChatGPT aufgrund der wohlklingenden Formulierungen häufig übersehen werden. Die Betrachtung der Auswirkungen von KI auf Gesellschaft und Arbeitswelt (**1.6**) bietet Gelegenheit, eine Generierung von ChatGPT auf Deutsch und Englisch miteinander zu vergleichen. Den Abschluss bilden Vorschläge für eine (teilweise) Neuausrichtung von Lehren und Lernen auf der Grundlage der Forderungen von J. Aoun (**1.7**).

Im folgenden Kapitel (**Kap. 2**) stelle ich wichtige KI-Sprachmodelle und weitere auf KI-basierende Tools vor. Nach Vorüberlegungen (**2.1**) wird die den meisten KI-Systemen zugrunde liegende Verfahrensweise GPT erläutert, die von Google vor einigen Jahren kreiert wurde. Auf ihr basieren auch die verschiedenen Versionen von ChatGPT, deren Funktionstüchtigkeit man mit dem Oktopus-Test überprüfen kann (**2.2**). Es folgen weitere KI-Sprachmodelle (Bard, LLaMA, Bing Chat, Bert) (**2.3**) sowie LGAIMs zur Bildgenerierung (Midjourney, Stable Diffusion) (**2.4**) und KI-gestützte Applikationen, die sich im Englischunterricht als nützlich erweisen können (Grammarly, DeepL Translator, GitMind, Genial.ly) (**2.5**). In Abschnitt **2.6** folgen kurze Ausführungen zu den erwartbaren Entwicklungen (Ton und Bild).

Kap. 1 Lernen über KI-Systeme und Lernen mit KI-Systemen

1.1 Erste Einblicke

Sandra und Robert unterrichten beide das Fach Englisch an der gleichen Gesamtschule, hauptsächlich in der Oberstufe. Sie tauschen sich häufig über ihre Erfahrungen aus, so auch heute.

Sandra: Na, was gibt's Neues?

Robert: Ich weiß jetzt ziemlich genau, was es mit diesen KI-Tools auf sich hat?

Sandra: Du meinst KI-Sprachmodelle?

Robert: Ja, zum Beispiel ChatGPT.

Sandra: Du hast doch gestern noch gesagt, du hättest keine Ahnung.

Robert: Ja, aber eine meiner Schülerinnen hat ihren Austauschpartner aus den USA mit in den Unterricht gebracht. Er hat uns alles ziemlich genau und vor allem gut verständlich erklärt.

Sandra: Und?

Robert: Diese neueren KI-Sprachmodelle sind möglich geworden, weil es jetzt leistungsfähigere Rechner gibt und vor allem, weil sehr große Datenmengen zur Verfügung stehen.

Sandra: Das allein kann es doch nicht sein.

Robert: Natürlich nicht. Hinzu kommen maschinelles Lernen und Formen des überwachten Lernens.

Sandra: Und was bedeutet ‚maschinelles Lernen'?

Robert: Beim *Machine Learning* lernt das System ohne Input von außen aus den zuvor eingegebenen Daten.

Sandra: Du meinst, die Maschine lernt von allein?

Robert: So ungefähr. Tim, so heißt der Schüler aus Amerika, hat das so erklärt: Mit jeder Eingabe versucht das System die bestmögliche Antwort zu finden …

Sandra: Und die gibt die KI dann aus?

Robert: Ja, und je besser der Prompt ist, umso besser die Generierung.

Sandra: Und was bedeutet dann ‚überwachtes Lernen`?

Robert: Dieses maschinelle Lernen wird nicht überwacht, es ist also unüberwachtes Lernen. Das allein würde aber nicht genügen, um die Ergebnisse von ChatGPT zu erklären.

Sandra: Wenn ich dich richtig verstanden habe, kommt zu diesem unüberwachten Lernen noch das überwachte Lernen hinzu?

Robert: Genau! Die Antwort oder Ausgabe wird bei der Einrichtung des Tools zusätzlich vom Programmierer überwacht, damit alles in die richtigen Bahnen kommt.

Sandra: Und wieso macht ChatGPT dann immer noch Fehler?

Robert: Wenn ich Tim richtig verstanden habe, liegt das zum einen an den eingegebenen Daten, die hauptsächlich aus dem Web und aus Büchern stammen, und die in unserer Gratisfassung mit 2021 enden.

Sandra: Heißt das, dass neuere Ereignisse nicht berücksichtigt werden?

Robert: Ja, das System ist aber bemüht, auch dann eine Antwort zu geben. Die ist dann häufig falsch, aber wie immer sehr wortreich. Und bei etlichen Detailfragen erfindet ChatGPT einfach irgendwelche Antworten.

Sandra: Das ist alles höchst interessant. Könntest Du mir Tim und seine deutsche Partnerin nicht mal ausleihen?

Robert: Was hältst du davon, dass wir unsere beiden Kurse einmal zusammen unterrichten? Das dürfte kein Problem sein, denn sie liegen ja parallel.

Sandra: Das ist eine sehr gute Idee!

1.2 Fragen des Urheberrechts und des Datenschutzes

Viele Lehrpersonen stehen KI-Sprachmodellen wie ChatGPT von OpenAI oder Googles Bard skeptisch gegenüber. Sie haben Bedenken hinsichtlich der Rechtslage. Wie steht es mit dem Copyright? Was müssen sie in Bezug auf den Datenschutz beachten?

Handelt es sich bei der Nutzung der Inhalte, die KI-Systeme generieren, nicht um Plagiate? Tools, die menschliche Kommunikation in einer so perfektionierten Form imitieren wie beispielsweise ChatGPT, basieren vor allem auf sehr großen Datenmengen aus dem World Wide Web (WWW), Wikipedia und Büchern. Kann es da nicht vorkommen, dass das Urheberrecht einzelner Autorinnen und Autoren verletzt wird? Obgleich die EU seit 2018 an gesetzlichen Vorschriften zur Regulierung von KI-Anwendungen (EU AI Act-/-Digital Services ACT) arbeitet, ist die Rechtslage weiterhin ungeklärt. Bisher gelten Zitate aus KI-Systemen nicht als Plagiate, werden aber als Täuschungsversuch gewertet, wenn die Schülerin oder der Schüler die Quellen nicht benennt. Im März 2023 hat das Ministerium für Schule und Bildung des Landes Nordrhein-Westfalen einen Handlungsleitfaden zum *Umgang mit textgenerierenden KI-Systemen* veröffentlicht. Darin werden die „rechtlichen Rahmenbedingungen bei der Nutzung im unterrichtlichen Zusammenhang“ ausführlich behandelt.

> Die Nutzung von ChatGPT im Unterricht mit eigenen Geräten der Schülerinnen und Schüler bzw. über eigene Accounts-/-E-Mail-Adressen kann angesichts der aktuellen Sach- und Rechtslage (gerade mit Blick auf die datenschutzrechtlichen Vorgaben) nicht empfohlen werden.
> Sofern Lehrkräfte auf freiwilliger Basis über einen Zugang zu ChatGPT oder anderen KI-Anwendungen verfügen, können sie diesen nutzen, um im Plenum mit den Schülerinnen und Schülern mit der KI-Anwendung zu arbeiten. Dabei ist wie bei allen anderen Anwendungen auch zu beachten, dass keine personenbezogenen Daten der Schülerinnen und Schüler übertragen werden. Dies wäre beispielsweise der Fall, wenn man Prompts nutzt, die einen Zusammenhang zur Klasse oder zu einzelnen Schülerinnen und Schülern herstellen. (MSB.NRW März 2023, S. 6)

In diesem Zusammenhang wird häufig nicht beachtet, dass das Forschungsunternehmen OpenAI in seinen Geschäftsbedingungen festgelegt hat, dass Jugendliche unter 13 Jahren ChatGPT nicht nutzen dürfen. Bis zum Alter von 18 Jahren ist die Einwilligung eines Erziehungsberechtigten erforderlich; erst mit der Volljährigkeit steht jungen Erwachsenen die Nutzung frei. Aufgrund der immensen Zahl von Usern ist das Unternehmen nicht in der Lage, die genannten Bedingungen zu überprüfen, obgleich die Nutzung ohne Angabe einer E-Mail-Adresse nur in Ausnahmefällen möglich ist.

Außerdem ist zu bedenken, dass OpenAI die Anwendung von ChatGPT auch deshalb kostenfrei zugänglich gemacht hat um herauszufinden, wie das Tool genutzt wird. Selbstverständlich haben sich Expertinnen und Experten mit diesen Fragen beschäftigt. Daniel Fitzpatrick und seine Co-Autoren empfehlen folgenden Prompt:

> Create a letter for my students' parents that explains what ChatGPT or Google Bard is, how it can benefit students, and asks parents' permission for their child to use it in class. Reference the OpenAI policy that explains the age of users. (Fitzpatrick u.a. 2023, S. 174)
>
> (Schreibe einen Brief an die Eltern meiner Schülerinnen und Schüler, in dem erklärt wird, worum es sich bei ChatGPT oder Googles Bard handelt und inwiefern die Lernenden vom Gebrauch profitieren können. Bitte die Eltern um Erlaubnis, dass ihr Kind die Anwendungen im Unterricht nutzen darf. Beziehe dich auf die Vorgaben von OpenAI zum Alter der Nutzerinnen und Nutzer.) (Eigene Übersetzung)

Um Täuschungsversuche zu begrenzen, schlägt das Ministerium für Schule und Bildung (NRW) in dem genannten Handlungsleitfaden vor, den Schülerinnen und Schülern folgende Formulierung zur Angabe ihrer Quellen vorzugeben:

> Bei der Herstellung dieses Textes [oder wahlweise eines Bildes oder des Programmiercodes etc.] wurde X [Name des KI-gestützten Werkzeugs] eingesetzt. Mit folgenden Prompts [= Anweisungen oder Fragen an die KI] habe ich die KI gesteuert:
> ____________________; 2. ____________________
>
> Der Vorteil dieser Art von Angabe ist, dass die Lehrkraft damit beurteilen kann, wie weitreichend der Einsatz der KI war. Ebenso lässt sich auch beurteilen, wie kompetent die Schülerin bzw. der Schüler den Einsatz der KI gesteuert hat. Dazu sollte der von der KI erstellte Text beigefügt werden. (MSB.NRW März 2023, S. 7)

Im Download finden Sie einen entsprechenden Text sowohl auf Deutsch als auch auf Englisch, den Sie an Ihre Schülerinnen und Schülern verteilen können (Beispiel 1: Erklärung zur Nutzung von KI-Systemen-/-*Declaration on the use of AI systems*).

1.3 Immer noch aktuell: Der Turing-Test und das *Chinese Room* von J. Searle

Einige Lehrkräfte nutzen KI-Systeme auch deshalb nicht in ihrem Unterricht, weil sie sich scheuen, sich mit der Technologie, auf der neuere KI-Anwendungen beruhen, auseinanderzusetzen. Lehrpersonen sind jedoch ohne Ausnahme dazu verpflichtet, ihre Schülerinnen und Schüler mit der Funktionsweise von KI-Systemen vertraut zu machen. Dabei spielt es keine Rolle, ob sie die Tools für das fachliche Lehren und Lernen einsetzen. In diesem Zusammenhang ist die Unterscheidung in Lernen mit Hilfe digitaler Medien und Lernen über digitale Medien entscheidend.

> Zum einen kann man mit Hilfe digitaler Medien bestimmte Ziele und Inhalte verfolgen, die mit herkömmlichen Methoden und Medien nicht zu erreichen sind. Zum anderen sind die digitalen Technologien selbst Gegenstand des Lehrens und Lernens. Nur so können die Schülerinnen und Schüler zu einer reflektierten Haltung sowie einer sinnvollen Nutzung dieser Medien geführt werden. (De Florio-Hansen 2020, S. 108)

Aus Sicht der Lehrkraft geht es um die Differenzierung von Mediendidaktik und Medienpädagogik; mit Blick auf Schülerinnen und Schüler wird in diesem Zusammenhang meist zwischen Medienkompetenz und Medienbildung unterschieden. Wer seiner Verpflichtung nachkommen will, die Medienbildung der Lernenden voranzubringen, kommt nicht umhin, sich mit der Technologie von KI-Anwendungen zumindest in dem Maß auseinanderzusetzen, dass er die Lernenden mit den technologischen Grundlagen vertraut machen kann.

Was bedeutet Künstliche Intelligenz? Der Begriff taucht erstmals Mitte der 1950er Jahre im Zusammenhang mit dem *Darmouth Summer Research Project on Artificial Intelligence* auf. Das Ziel der Konferenz beschreiben die Initiatoren wie folgt:

> We propose that a 2-month, 10-man study on artificial intelligence be carried out during the summer of 1956 at Darmouth College in Hanover, New Hampshire. The study is to proceed on the basis of the conjecture that every aspect of learning or any other feature of intelligence can in principle be so precisely described that a machine can be made to simulate it. An attempt will be made to find how to make machines use language, form abstractions

> and concepts, solve kinds of problems now reserved for humans, and improve themselves. (McCarthy u. a. 1955, S. 1)

KI stützt sich also auf die Annahme, dass grundsätzlich alle Aspekte des Lernens und andere Merkmale der Intelligenz so genau beschrieben werden können, dass eine Maschine zur Simulation dieser Vorgänge gebaut werden kann. Entscheidungsstrukturen des Menschen sollen in Programmen nachgebildet werden, die eigenständig Probleme bearbeiten und selbstständig Aufgaben erledigen können, für die normalerweise menschliche Intelligenz erforderlich ist. (De Florio-Hansen 2020, S. 42)

Durch die Darmouth Conference wird der Grundstein für KI als akademisches Fachgebiet gelegt. Die Frage, ob es möglich ist, menschliche Intelligenz in Maschinen nachzubilden, ist jedoch älter. Bereits 1936 hat der britische Wissenschaftler Alan Turing (1912-1954) ein Modell vorgelegt, die sogenannte Turing-Maschine, die zeigen sollte, dass Rechenmaschinen im Prinzip jedes Problem lösen können, wenn sie dem Eingabe-Verarbeitung-Ausgabe-Prinzip (EVA) folgen. Da der erste Computer erst 1941 gebaut wurde, ist die Turing-Maschine stets ein Modell geblieben. Anders verhält es sich mit dem Turing-Test, der dem Mythos von der denkenden Maschine immer wieder Vorschub geleistet hat. In einem wissenschaftlichen Artikel von 1950 geht Turing der Frage nach, ob Maschinen denken können. Turing spricht von „thinking machine" und räumt ein, dass eine exakte Definition des Begriffs Denkvermögen nicht möglich ist. Daher schlägt er einen Test vor, der auch heute in Bezug auf KI-Systeme wie beispielsweise ChatGPT angewendet wird.

Bei diesem Test geht es um einen schriftlichen Chat. Die Versuchsperson (C) ‚unterhält' sich mit zwei ihr unbekannten Partnern, ohne dass Sicht- oder Hörkontakt besteht. Einer der Partner (B) ist ein Mensch, während der zweite ‚Gesprächspartner' (A) ein Chatbot mit textbasiertem Dialogsystem ist.

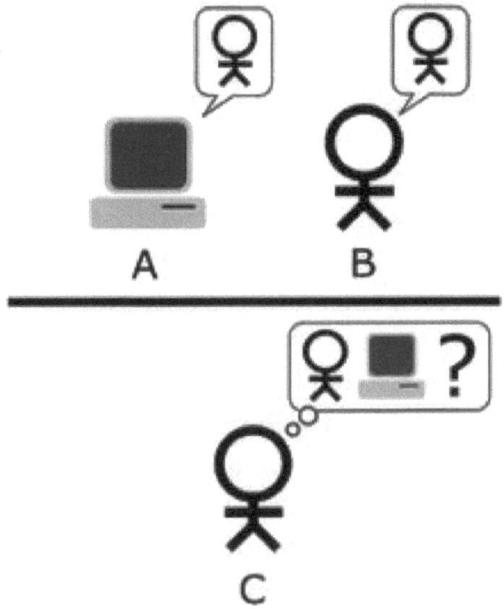

(vgl. De Florio-Hansen 2020, S. 43)

Wenn die Probandin oder der Proband den Chatbot nicht als solchen erkennt und ihn fälschlicherweise für einen Menschen hält, dann hat die dahinterstehende Maschine den Test bestanden und kann als intelligent angesehen werden. In diesem Sinn kann ChatGPT als ‚intelligent' gelten, denn das System generiert bisweilen Texte, die auch Experten nicht eindeutig einem Menschen oder einem KI-System zuordnen können. Wir werden uns in Teil II anhand ausgewählter Beispiele für den Englischunterricht mit dieser Problematik ausführlich beschäftigen.

Im Download steht ein Unterrichtsbeispiel (Beispiel 2) mit dem Titel *Measuring the intelligence of a machine*, zur Verfügung, um die Lernenden (ab 5. Lernjahr) mit den Grundlagen des Turing-Tests vertraut zu machen.

Der Turing-Test hat im Laufe der Jahrzehnte nicht an Bedeutung verloren. Die meisten Wissenschaftler, die sich mit Hard- und Software beschäftigt haben, die menschenähnliche Kommunikation ermöglichen sollen, haben sich an dem von Turing vorgeschlagenen Verfahren orientiert. Dabei ist der Turing-Test nicht ohne Widerspruch geblieben. Einer der bekanntesten Kritiker ist John Searle (emeritierter Professor der Universität Berkeley). In einem

Beitrag, der 1980 in einer Fachzeitschrift veröffentlicht wurde, zieht Searle grundsätzlich in Zweifel, dass man einer Maschine, nur weil sie ein passendes Programm ausführt, Bewusstsein zuschreiben kann. Es steht also kein *AI takeover* bevor. Auch andere Expertinnen und Experten haben immer wieder darauf aufmerksam gemacht, wie facettenreich menschliche Intelligenz ist: Sie umfasst hauptsächlich kognitive, sensomotorische, emotionale und soziale Aspekte, die bisher von keiner Maschine simuliert werden können. Hinzu kommen kreative und praktische Intelligenz.

In dem genannten Artikel mit dem Titel *Minds, Brains, and Programs* schlägt Searle folgendes Experiment vor, welches unter der Bezeichnung *Chinese Room* Eingang in die immer noch anhaltende Diskussion gefunden hat: Man stelle sich einen geschlossen Raum vor, in dem einem Menschen, der das Chinesische nicht beherrscht, Fragen in chinesischer Sprache vorgelegt werden. Mit Hilfe einer Anleitung in der Muttersprache des Probanden kann er diese Fragen korrekt in chinesischer Schrift beantworten. Personen außerhalb des *Chinese Room*, die nur den Input und den Output prüfen, gehen in der Regel davon aus, dass der Proband die chinesische Sprache beherrscht, obgleich dies nicht der Fall ist.

> Die Tatsache, dass ein Computerprogramm Zeichenreihen regelbasiert verändern kann, ohne die Bedeutung der Zeichen zu kennen, spricht nach Searle gegen die Beweiskraft des Turing-Tests. In seiner Funktion als Sprachwissenschaftler fasst er diesen Sachverhalt so: Wenn eine Maschine in der Lage ist, der Syntax zu folgen, bedeutet dies noch lange nicht, dass sie auch in der Lage ist, die Semantik zu durchschauen. Dem Computer fehlt es nach Searle u. a. an Bewusstsein. (De Florio-Hansen 2020, S. 45).

Viele Wissenschaftler halten den Terminus *Künstliche Intelligenz* zu Recht für einen Black-Box-Begriff, bei dem man nicht genau sagen kann, was er beinhaltet. Dies ist auch darauf zurückzuführen, dass es bis heute keine einheitliche Definition von menschlicher Intelligenz gibt. Die Kritiker halten es für irreführend, KI mit biologischer Intelligenz zu vergleichen. Daher findet auch Jerry Kaplan den Terminus unpassend; sonst hätte man Flugzeuge auch künstliche Vögel nennen können (Kaplan 2016). In jedem Fall sind Umgang und Nutzung einer KI entscheidend.

1.4 Ausgeklügelte Algorithmen, maschinelles Lernen und künstliche neuronale Netze

Die drei in der Überschrift zu diesem Abschnitt genannten Charakteristika haben wesentlich zur rasanten Entwicklung von KI-Sprachmodellen und weiteren generativen Systemen beigetragen.

Es bedarf keiner besonderen Erläuterung, dass die Computertechnologie in den letzten Jahrzehnten zu immer leistungsfähigerer Hard- und Software geführt hat. Einen Eindruck davon erhält man, wenn man sich die Funktionen eines Smartphones vor Augen führt. Viele Geräte leisten das, was vor einigen Jahrzehnten nur mit einem PC oder einem Tablet-Computer möglich war. Außer Zweifel steht darüber hinaus, dass die Menge an Daten, die beispielsweise über das Internet zur Verfügung stehen, einen nie zuvor gekannten Höchststand erreicht hat. Dazu haben nicht zuletzt auch die sozialen Medien beigetragen.

Wie aber verhält es sich mit der Entwicklung von Algorithmen, die die wesentliche Grundlage aller KI-Systeme bilden?

Ein **Algorithmus** (*algorithm)* hat zunächst einmal nichts mit KI zu tun. Der Terminus, der schon seit Jahrhunderten existiert, bezeichnet eine eindeutige Handlungsvorschrift zur Lösung von Problemen. So basieren beispielsweise Kochrezepte und Verkehrsregeln auf Algorithmen. Befolgt man die Angaben zum Input und die weiteren Vorschriften, kann man mit einem bestimmten Ergebnis rechnen. In den letzten Jahrzehnten wird der Begriff überwiegend mit der Funktionsweise von Computersystemen in Verbindung gebracht. Ein wesentlicher Unterschied zwischen den Algorithmen, die den Schachweltmeister entthront haben, und den heutigen Anwendungen besteht darin, dass die Algorithmen früherer Zeiten nur für eine oder eng miteinander verbundene Funktionen ausgelegt waren, beispielsweise Brettspiele. Anfänglich war ein menschlicher Programmierer unerlässlich. Nach etlichen Jahren waren die Systeme dann soweit, dass sie beispielsweise bestimmte Schachzüge selbstständig aus den bereits erfolgten Spielen ableiten konnten.

Die Algorithmen, die in heutigen KI-Systemen zum Einsatz kommen, sind dahingehend weiterentwickelt worden, dass sie aus den Trainingsdaten in Verbindung mit maschinellem Lernen ohne menschliche Hilfe beeindruckende Lösungen generieren können. Meist beruht ein komplexer Algorithmus auf einer Reihe von einfacheren Algorithmen, die eine flexible Anpassung an die Erfordernisse des Input ermöglichen. Bei KI-Sprachmodellen scheinen die Anwendungsmöglichkeiten von Algorithmen keine Grenzen zu kennen, selbst wenn man nur an den Einsatz in Schule und Unterricht denkt und den Business-Bereich sowie Applikationen in der Medizin außer Acht lässt. Sie reichen von der Beantwortung von Fragen, Inhaltsangaben, Zusammenfassungen, Übersetzungen, Vorschlägen für Gliederungen, Erstellung von Übungsmaterialien, Leistungsbewertungen sowie Dialogen zwischen User und Maschine bis hin zum Programmieren (vgl. weitere Ausführungen zum Leistungsspektrum sowie Unterrichtsbeispiele in Teil II). Die folgende wissenschaftsorientierte Definition deckt die Nutzung von Algorithmen in Schule und Unterricht ab:

1. Eine präzise, d. h. in einer festgelegten Sprache abgefasste, endliche Beschreibung eines allgemeinen Verfahrens unter Verwendung elementarer Verarbeitungsschritte zur Lösung einer gegebenen Aufgabe.
2. Lösungsverfahren in Form einer Verfahrensanweisung, die in einer wohldefinierten Abfolge von Schritten zur Problemlösung führt. (vgl. Gabler Wirtschaftslexikon 2023)

Generell darf man dabei nicht außer Acht lassen, dass Algorithmen immer nur so gut sind, wie die Daten, auf denen sie beruhen.

Die kurz beschriebenen Algorithmen stehen, wie bereits angedeutet, in enger Verbindung zum **maschinellen Lernen** (*machine learning*), welches in jüngster Zeit wesentlich zu den beeindruckenden Generierungen beiträgt. Inzwischen ist es zur vorherrschenden Technik avanciert. Viele Nutzerinnen und Nutzer verbinden den Output fälschlich mit Bewusstsein, Denkvermögen, Emotionen und Empathiefähigkeit. So hochentwickelt die Systeme auch sein mögen: Sie beruhen auf mathematischen Berechnungen in Form statistischer Modelle. Sie haben keinerlei Weltverständnis und kennen die Bedeutung der Wörter und Texte, die sie generieren, nicht. Deshalb scheitern sie unter anderem häufig an Begriffen, die mehrere Bedeutungen haben, wie beispielsweise Bank oder Gericht (zu weiteren Unzulänglichkeiten vgl. Abschnitt 1.5). Beim maschinellen Lernen erkennen die zugrundeliegenden Algorithmen in den vorhandenen Daten Muster und wenden diese Erkenntnisse anschließend auf neue Daten an, ohne dass menschliches Eingreifen erforderlich ist. Es handelt sich also um einen selbstadaptiven Algorithmus. Vereinfacht ausgedrückt, berechnet ein KI-Sprachmodell wie ChatGPT auf der Grundlage eines eingegebenen Textsegments, welches Wort bzw. welche Wörter mit hoher Wahrscheinlichkeit auf den Input folgen, und verarbeitet sie zum Output. Diese und weitere Selbstlernprozesse bewirken jedoch nicht nur die vielbeachteten Generierungen der Systeme, sondern bringen auch Gefahren mit sich, da sie sich der Kontrolle durch Entwickler und User weitgehend entziehen.

Dass das maschinelle Lernen so erfolgreich ist, beruht auch darauf, dass es sich mehr und mehr auf die Nachbildung der **neuronalen Netze** (*artificial neural networks*) des menschlichen Gehirns stützt. Neuronen können Informationen von anderen Neuronen oder von außen aufnehmen und – gegebenenfalls in modifizierter Form – auf andere Neuronen übertragen oder als Endergebnis ausgeben. Zwischen der Ein- und Ausgabe können verschiedene Schichten liegen. Sie extrahieren schrittweise Merkmale höherer Ebenen aus dem Input. Je höher ihre Zahl ist, umso größere Schwierigkeiten haben selbst Expertinnen und Experten, die Generierung nachzuvollziehen. Bei hochentwickelten Systemen wie Chat GPT oder Bard von Google ist das schon seit einiger Zeit nicht mehr möglich. Im Zusammenhang mit neuronalen Netzwerken wird häufig der Terminus ***Deep Learning*** („mehrschichtiges, tiefgehendes Lernen") verwendet. Bisher wurde nicht festgelegt, wie viele Schichten zwischen Input und Output liegen sollten, damit maschinelles Lernen als *Deep Learning* gilt.

Die Schichten extrahieren schrittweise Merkmale höherer Ebenen aus dem rohen Input.

Für die Hand der Schülerinnen und Schüler (ab 5. Lernjahr) steht im Download ein Unterrichtsbeispiel (Beispiel 3) zur Verfügung, in dem die wichtigen Grundlagen von KI-Systemen erläutert werden (*Algorithms, machine learning and artificial neural networks – without these three technologies, there would be no AI systems*).

Einige Experten, vor allem Psychologen und Philosophen, werten *Deep Learning* als wichtigen Schritt auf dem Weg zu einer starken KI. Dem widerspricht Gary Marcus bereits 2012 in einem Beitrag mit dem Titel *Is ‚Deep Learning' a revolution in Artificial intelligence?*:

> Realistically, deep learning is only part of the larger challenge of building intelligent machines. Such techniques lack ways of representing causal relationships (...) have no obvious ways of performing logical inferences, and they are also still a long way from integrating abstract knowledge, such as information about what objects are, what they are for, and how they are typically used. (Marcus 25. Nov. 2012: The New Yorker)

Auch heute noch sind die fortschrittlichsten KI-Systeme nicht in der Lage, kausale oder logische Verbindungen herzustellen.

In den letzten Jahren sind auf Grund der kurz beschriebenen Entwicklungen immer leistungsfähigere LGAIMs entstanden, deren Systeme Generierungen in verschiedenen Bereichen, beispielsweise Text, Bild, Video und Audio, ermöglichen. Bei den mehrfach erwähnten ***Large Language Models*** (LLMs), den KI-Sprachmodellen, handelt es sich um eine besondere Form der LGAIMs, die vornehmlich auf sprachlichen Output in mündlicher und schriftlicher Form ausgerichtet ist. KI-Sprachmodelle beruhen auf dem ***Natural Language Processing*** (NLP), das auch als Computerlinguistik oder Language Technology bezeichnet wird. Das Verfahren des NLP ist bereits in den 1950er Jahren entstanden; es beschäftigt sich mit der Analyse, dem Verständnis und der Generierung von natürlicher Sprache. In jüngster Zeit geht es vor allem darum, Rechner so zu programmieren, dass sie große Mengen an Sprachdaten in mündlicher und-/-oder schriftlicher Form verarbeiten und analysieren können. Der beeindruckende Output von KI-Sprachmodellen wie ChatGPT beruht auf Techniken mathematischer Optimierung, die während des Trainings immer wieder angewendet werden, bis das System den Input in wünschenswerten Output transformiert. Ermöglicht wird dies, wie erwähnt, vor allem dadurch, dass immer größere Datenmengen und leistungsfähigere Rechner zur

Verfügung stehen. Trotz beachtlicher Fortschritte gibt B. Plank, Professorin für Künstliche Intelligenz und Computerlinguistik an der LMU München, zu bedenken, dass die Vielfalt menschlicher Sprache, einschließlich Ironie, Mehrdeutigkeiten und Minderheitensprachen, nach wie vor eine große Herausforderung darstellt (Plank 2023, S. 13).

Häufig wird auf ***Foundation Models*** (etwa „Grundlagen-Modelle“) und ihre vielfältigen Verwendungsmöglichkeiten zurückgegriffen. Sie liegen den meisten spezialisierten KI-Anwendungen zugrunde. Zum Vorgehen von OpenAI schreibt Helen Toner in einem Blogpost vom Mai 2023:

> For the original ChatGPT, an LLM called GPT-3.5 served as foundation model. Simplifying somewhat, OpenAI used some chat-specific data to create a tweaked version of GPT-3.5 that was specialized well in a chatbot setting, then built that into ChatGPT. (Toner 2023)

Die in Abschnitt 1.4 kurz dargestellten Grundlagen gelten für (fast) alle KI-Sprachmodelle. Die meisten basieren auf maschinellem Lernen, das als ***Unsupervised Learning*** (unüberwachtes Lernen) gilt, weil die eingegebenen Daten nicht von einem Programmierer in irgendeiner Form gekennzeichnet werden. Anschließend werden die meisten Systeme durch ***Supervised Learning*** (überwachtes Lernen) optimiert. Das überwachte Lernen bestand bei ChatGPT darin, dass dem System Unterhaltungen vorgelegt wurden, in denen menschliche Trainer beispielsweise in beiden Rollen agierten, der des Users und der des Chatbots. Dabei stellt sich die Frage, ob diese Trainer tatsächlich unvoreingenommen waren beziehungsweise welche Vorstellungen sie in den einzelnen Rollen zum Ausdruck gebracht haben.

Worin besteht die Besonderheit von ChatGPT im Vergleich zu anderen KI-Sprachmodellen? OpenAI hat bisher nur einen geringen Teil der Verfahren öffentlich gemacht, die das Unternehmen zur Optimierung seiner KI-Sprachmodelle (und weiterer Anwendungen, vgl. Kap. 2) genutzt hat. Bisher gibt es kein Handbuch oder auf *peer review* basierende wissenschaftliche Veröffentlichungen. Folglich ist man auf Äußerungen des CEO Sam Altman und weiterer Experten aus dem Umfeld von OpenAI angewiesen. Ryan

O'Connor erläutert die Besonderheit von ChatGPT, nämlich ***Reinforcement Learning from Human Feedback*** (RLHF), die er in weiteren Publikationen dem RLAIF (Reinforcement Learning from AI Feedback) gegenüberstellt:

> In particular, the unique feature that sets ChaGPT apart from other LLMs is the implementation of a technique called Reinforcement Learning from Human Feedback (RLHF) [...] Through RLHF, ChatGPT can learn and align more closely with human values and preferences, enabling it to generate more engaging and accurate responses. At a high level, RLHF works by combing a baseline LLM with a secondary model, called reward model. The reward model's role is to determine which kind of responses a human would prefer within a given list of possibilities. (O'Connor 2023)

Das, was O'Connor bis vor Kurzem noch als Vorzug von ChatGPT dargestellt hat, bringt erhebliche Nachteile mit sich. Für das System ist nicht die inhaltliche Wahrheit der Generierung entscheidend, sondern die wohlklingende Formulierung.

1.5 Unzulänglichkeiten von KI-Systemen

Es gibt so gut wie keine Publikation, wissenschaftsbasiert oder populärwissenschaftlich, die nicht darauf hinweist, dass man jede Generierung eines KI-Systems überprüfen sollte. Am besten ist es, man hat selbst das nötige Wissen und-/-oder man vergleicht den Output mit den Ergebnissen anderer Quellen. Diejenigen, die von einem Tool wie ChatGPT hell begeistert sind, erwarten von der KI Anregungen, die sich nicht ohne Weiteres nachprüfen lassen oder die einfach Geschmackssache sind. Wenn ich das Tool beauftrage, mir ein Abendgebet im Stile Shakespeares zu generieren oder Vorschläge zu machen, was ich meinem Großvater zum Geburtstag schenken könnte, ist es nicht schwer zu entscheiden, ob der Output meinen Vorstellungen entspricht.

Schwieriger wird es, wenn die KI mir eine Gliederung zu einer Hausaufgabe oder zu einer PowerPoint-Präsentation generieren soll. Dann muss ich meine Eingabeaufforderung und die Folgeprompts so gestalten, dass das Programm aus meinen Eingaben die wichtigsten Informationen zum Lernkontext entnehmen kann (zur Erstellung zielführender Prompts vgl. Kap. 3). Außerdem gilt es –

über gegenstandsbezogene Aspekte hinaus –, auch die Persönlichkeiten der Lehrperson und die der Schülerinnen und Schüler in irgendeiner Form zu berücksichtigen.

Darüber hinaus sollte man gerade im Englischunterricht präsent halten, dass die Generierungen in englischer Sprache meist besser sind als der Output in anderen Sprachen (vgl. 1.6). Das ist darauf zurückzuführen, dass viele Provider in den USA ansässig sind und den englischsprachigen Markt im Auge haben. Aber selbst wenn der Output sprachlich als gelungenes Beispiel gelten kann, bedeutet das noch lange nicht, dass er inhaltlich dem entspricht, was im deutschsprachigen Raum von Lehrenden und Lernenden erwartet wird. ChatGPT beispielsweise orientiert sich, wie die meisten Tools, am US-amerikanischen Schul- und Hochschulwesen. Den genannten Einschränkungen kann man bis zu einem gewissen Maß durch umsichtiges Prompting und anschließende Überprüfung des Outputs begegnen. Besser noch: Man erledigt die Aufgabenstellung zunächst selbstständig und vergleicht das eigene Ergebnis anschließend mit den Generierungen verschiedener KI-Systeme.

In einem Unterrichtsbeispiel (Beispiel 4) (vgl. Download) mit dem Titel *The German school system* schreiben die Lernenden einen Brief an ihren Austauschpartner Patrick in Boston, der sich für das deutsche Schulsystem interessiert. Anschließend verteilt die Lehrkraft einen „Musterbrief“ zum Vergleich. Dabei bleibt es ihr überlassen. Ob sie den Schülerinnen und Schülern mitteilt, dass es sich um eine Generierung von ChatGPT handelt.

Die bisher genannten Hinweise lassen außer Acht, dass KI-Systeme wie beispielsweise ChatGPT einerseits sehr leistungsstark sind, wenn man sie mit älteren Sprachmodellen vergleicht, andererseits aber häufig unzuverlässig. Dies ist hauptsächlich darauf zurückzuführen, dass die auf Wahrscheinlichkeit beruhenden Methoden bisweilen nur unsichere Schlussfolgerungen ermöglichen. Wenn die Programme selbstständig aus den Trainingsdaten lernen, verbessern sie die Algorithmen nicht nur; sie schaffen bisweilen auch neue. Verzerrungen (***Biases***) werden häufig nicht durch den

Programmierer verursacht, sondern durch das Programm selbst gelernt.

Hinzukommt, dass die Systeme bei Überlastung ‚halluzinieren' (*hallucinate*; ***Hallucination***). Sie generieren zuverlässig klingende Antworten, die durch die Trainingsdaten nicht gerechtfertigt sind. Das kann so weit gehen, dass sie Autoren, Buchtitel und ISBN-Nummern nennen, die nicht existieren. So stellen D. Fricke und seine Co-Autoren ihrem Buch *Die humorvollsten Kurzgeschichten, die KI jemals geschrieben hat* ein Zitat des Informatikers und KI-Forschers Klaus D. Kühn voran: „Künstliche Intelligenz wird das sein, was wir Menschen daraus machen". Inhaltlich ist gegen diese Aussage wenig einzuwenden. Das Zitat wurde von ChatGPT vorgeschlagen, aber weder der Autor noch das Zitat scheinen tatsächlich zu existieren (Fricke u. a. 2023, S. 5).

Unzureichende Generierungen beruhen, wie oben bereits angedeutet, auch auf den Daten selbst. Diese sind von einer westlichen Weltsicht geprägt und transportieren eine Reihe von Vorurteilen. Rassismus und Sexismus sind die bekanntesten Fehlleistungen vieler KI-Sprachmodelle und insbesondere von ChatGPT. OpenAI ist bemüht, diese Diskriminierungen weitgehend zu unterbinden. Fragt man aber geschickt genug, sind diese Mängel immer noch vorhanden.

Hinzukommt, dass KI-Sprachmodelle in vielen Fällen keine Quellen angeben können. Das gilt insbesondere für ChatGPT: Die kostenfreie Version des Tools hat keinen Zugriff aufs Internet. Außerdem enden die Trainingsdaten mit dem Jahr 2021 (zu weiteren Angeboten von OpenAI und anderen Providern vgl. Kap. 2). Auf der Startseite von ChatGPT gibt OpenAI folgende Einschränkungen an:

- May occasionally generate incorrect information
- May occasionally produce harmful instructions or biased content
- Limited knowledge of world and events after 2021

Einer der zahlreichen Posts von OpenAI (vgl. openai.com) trägt den Titel *Educator Considerations for ChatGPT*. Darin gehen die Autoren detailliert auf Vorurteile und Stereotypen sowie auf zahlreiche Risiken ein, die mit der Nutzung des Chatbots verbunden sind.

Fitzpatrick und seine Co-Autoren empfehlen für die Überprüfung und Verbesserung von KI generierten Inhalten das Verfahren EDIT (Fitzpatrick u.a. 2023, S. 100 ff.). Dieses kann – gegebenenfalls in abgewandelter Form – mit fortgeschrittenen Schülerinnen und Schülern besprochen und angewendet werden:

> Evaluate
> your AI output content for language, facts and structure.
>
> - How can you determine whether a statement in the generative AI output is a fact or an opinion? Are there any specific indicators or cues to look for?
> - Are there any statements in the generative AI output that seem unlikely or implausible?
>
> Determine
> accuracy, and corroborate with source.
>
> - Does the generative AI output provide evidence to support the statements? What kind of evidence is presented, and is it reliable and credible?
> - Are there any statements in the AI-generated text that need to be corroborated with additional source or evidence? How can you find and cite these sources?
> - How can you ensure that the information presented in the AI-generated text is up-to-date and reflects the most current research and data on the topic?
>
> Identify
> biases and misinformation in the output.
>
> - Does the text provide a limited or biased view of the topic? How can you provide additional perspectives to balance the writing?
> - Are there any specific words or phrases in the AI-generated text that suggest a particular bias or perspective?
> - Are there any logical fallacies present in the AI-generated text such as circular reasoning or appeals to emotion?
>
> Transform
> content to reflect adjustments and new findings.
>
> - Does the AI-generated text sound like something a human would say or write? Why or why not?
> - How does the AI-generated text make you feel? Does it have an emotional impact? Why or why not?

- Can you provide a personal anecdote of experience to relate to the reader? Why or why not? (Fitzpatrick u.a. 2023, S. 116)

Für diesen wichtigen Abschnitt stehen zwei Unterrichtsbeispiele (Beispiel 5 und 6) im Download zur Verfügung.

1. Zunächst haben die Lernenden die Aufgabe *Den Output einer KI überprüfen und anpassen*. Die Aufgaben und Aktivitäten stehen auf Deutsch und auf Englisch zur Verfügung.
2. Im folgenden Beispiel beschäftigen sich fortgeschrittene Schülerinnen und Schüler (ab 6. Lernjahr) mit Vorzügen und Nachteilen eines Schüleraustauschs: *Student exchange – a critical analysis oft he output of ChatGPT.*

1.6 Auswirkungen auf Gesellschaft und Arbeitswelt

Selbst wenn man der Nutzung von LGAIMs und insbesondere KI-Sprachmodellen beim fachlichen Lehren und Lernen skeptisch gegenübersteht, sollte man die Behandlung der Systeme im Unterricht, wie bereits dargelegt, keinesfalls aussparen. Alle Schülerinnen und Schüler müssen über Grundkenntnisse zu KI-basierten Systemen verfügen, um den heutigen und vor allem späteren Anforderungen in Privatleben und Beruf entsprechen zu können. Lehrkräfte sollten sich keineswegs darauf verlassen, dass eine Kollegin oder ein Kollege den Lernenden die Tools erklären wird. Jede Lehrperson hat eine eigene Sicht auf Medienpädagogik und Mediendidaktik, von der die Schülerinnen und Schüler profitieren können. Das ist einer der Gründe dafür, dass die KMK in ihrem Strategiepapier *Bildung in der digitalen Welt* jede Lehrkraft verpflichtet, in ihrem Unterricht auf die Systeme einzugehen. Diese Position hat die KMK im Ergänzungspapier von 2022 noch einmal bekräftigt.

Noch bevor man die Systeme für das fachliche Lehren und Lernen nutzt, sollte man den Lernenden einen Überblick über Möglichkeiten und Grenzen der Tools anhand ausgewählter Beispiele ermöglichen. Lehrkräfte haben zunächst einmal die Aufgabe, die übertriebene Begeisterung, die zu einer unsachgemäßen Nutzung der Tools führt, in angemessene Bahnen zu lenken. Dabei kann man je nach Lernkontext unterschiedlich vorgehen:

- Man kann den Schülerinnen und Schülern einen von ChatGPT generierten Text zu einem im Unterricht behandelten Themenaspekt vorlegen, nachdem sie selbst die entsprechende Aufgabenstellung (ohne Kenntnis des Outputs von ChatGPT) bearbeitet haben. Dies kann in Einzel- oder in Gruppenarbeit geschehen.
- Die Lehrkraft kann den Lernenden aber auch zuerst einen von einem KI-Sprachmodell generierten Text vorlegen und sie diesen kritisch analysieren lassen. Anschließend erstellen sie dann einen eigenen Text, der die Mängel des generierten Outputs berücksichtigt und ausgleicht. Durch dieses Vorgehen werden die Schülerinnen und Schüler nach und nach darin geschult, von KI-generierte Texte zu erkennen.
- Der Themenaspekt sollte klar, aber nicht zu eng gefasst sein, um zeigen zu können, dass die wohlklingenden Texte nicht unbedingt falsche Informationen enthalten, aber häufig sehr oberflächlich sind. Man kann die Lernenden auffordern, (am besten in Tandems) inhaltliche Oberflächlichkeiten im Text zu markieren.
- Generell gilt es, die Inhalte stärker in den Blick zu nehmen. Viele KI-Sprachmodelle fokussieren zu stark auf die sprachliche Form und insbesondere auf die dialogische Interaktion. Nach anfänglichem Staunen über die (sprachliche) Leistungsfähigkeit der Bots sollten sich die Schülerinnen und Schüler nach und nach Rechenschaft darüber ablegen, dass die inhaltliche Angemessenheit den Vorrang haben sollte, nach dem Motto: *form follows function.*
- Eine weitere Möglichkeit besteht darin, den Lernenden mehrere Texte zum gleichen Thema vorzulegen und sie in einer Art Turing-Test herausfinden zu lassen, welches Beispiel von einem Menschen verfasst und welche von einer KI generiert wurden.

In unserem Kontext, nämlich dem Englischunterricht, sind Vergleiche zwischen Generierungen auf Englisch sowie auf Deutsch zu demselben Thema eine weitere Möglichkeit, Einblicke in die Funktionsweise sowie in Möglichkeiten und Grenzen von KI-

Sprachmodellen und LGAIMs zu gewinnen. Eine der größten Befürchtungen im Zusammenhang mit der derzeitigen rasanten Entwicklung von KI-Systemen besteht darin, dass sie nicht nur in der Produktion, sondern auch bei den sogenannten White-Collar-Berufen wie Buchhalter, Dolmetscher, Journalisten und Schriftsteller zum Arbeitsplatzverlust führen werden. Ohne auf diesen Sachverhalt näher einzugehen, kann man zusammenfassend sagen, dass Routineaufgaben ohne Zweifel von KI-Applikationen übernommen werden können, anspruchsvollere Schreibtätigkeiten aber nach wie vor Menschen vorbehalten bleiben (vgl. De Florio-Hansen 2024b). Das *World Economic Forum* (WEF) geht davon aus, dass weltweit im Laufe der nächsten fünf Jahre jeder zehnte Arbeitsplatz von KI übernommen wird. Andrerseits erwarten die meisten der vom WEF befragten Arbeitgeber, dass infolge des KI-Einsatzes mehr Stellen entstehen als gestrichen werden (https:-/--/-www.inside-it.ch-/-wef-digitalisierung-schafft-mehr-stellen-als-sie-vernichtet-20230503 ; letzter Zugriff Dezember 2023).

Stellen wir einen Vergleich an: Zunächst geben die Lernenden folgenden (absichtlich allgemein formulierten) Prompt bei ChatGPT ein:

Prompt: Werden KI-Sprachmodelle Arbeitsplätze vernichten?

ChatGPT

Die Auswirkungen von KI-Sprachmodellen auf Arbeitsplätze sind ein komplexes und viel diskutiertes Thema. Es gibt verschiedene Perspektiven auf diese Frage:

1. Automatisierung von Routineaufgaben: KI-Sprachmodelle und andere KI-Technologien können dazu verwendet werden, Routineaufgaben in verschiedenen Bereichen wie Kundensupport, Dateneingabe, Texterstellung und Übersetzung zu automatisieren. Dies kann dazu führen, dass einige Arbeitsplätze in diesen speziellen Bereichen überflüssig werden oder sich die Anforderungen an die Arbeitskräfte ändern.

2. Schaffung neuer Arbeitsplätze: Gleichzeitig können KI-Sprachmodelle auch die Schaffung neuer Arbeitsplätze in Bereichen fördern, die mit der Entwicklung, Implementierung und Wartung dieser Technologien verbunden sind. Es entstehen neue Berufe im Bereich der KI-Entwicklung, Datenanalyse, Datenschutz und Ethik, die spezielle Fähigkeiten erfordern.
3. Veränderung der Arbeitsinhalte: In vielen Fällen können KI-Sprachmodelle menschliche Arbeitskräfte ergänzen, indem sie ihnen monotone oder zeitaufwändige Aufgaben abnehmen. Dies ermöglicht es den Mitarbeitern, sich auf anspruchsvollere und kreativere Aufgaben zu konzentrieren, die menschliche Intelligenz erfordern.
4. Qualifikationsanforderungen: Mit der zunehmenden Verbreitung von KI-Technologien können sich die Anforderungen an die Qualifikationen von Arbeitskräften ändern. Es kann eine verstärkte Nachfrage nach Personen geben, die über Fähigkeiten im Bereich Datenanalyse, maschinelles Lernen und KI-Entwicklung verfügen.

Es ist wichtig zu beachten, dass die Auswirkungen von KI auf Arbeitsplätze stark von der Branche, der Region und anderen Faktoren abhängen. Es wird erwartet, dass einige Arbeitsplätze durch KI-Technologien ersetzt werden, während andere gestärkt oder neu geschaffen werden. Um die negativen Auswirkungen auf die Arbeitswelt zu minimieren, ist es entscheidend, Bildung und Umschulungsmöglichkeiten anzubieten, um die Arbeitskräfte auf die sich verändernde Arbeitswelt vorzubereiten. Die Entwicklung von ethischen Richtlinien und die Berücksichtigung sozialer Auswirkungen sind ebenfalls wichtige Aspekte bei der Integration von KI in die Gesellschaft und die Wirtschaft.

Um die Schülerinnen und Schüler der Einsicht näherzubringen, dass wohlklingende Formulierungen nicht das Wichtigste sind, können sie die in der Generierung genannten Gesichtspunkte analysieren und zusammenfassen. Dies kann man dadurch erreichen, dass sie (am besten in Tandems) Abschnitt für Abschnitt am Rand vermerken, worin die Aussage besteht. Schließlich sollen sie die generierten Argumente in drei bis fünf Sätzen zusammenfassen. Dadurch kommen sie der Einsicht näher, dass der Output von ChatGPT häufig darin besteht, mit vielen Worten wenig zu sagen. Wenn Interesse besteht, können sie auch die sprachliche Form unter die Lupe nehmen: An welchen Stellen hätten sie den generierten Sachverhalt anders formuliert? Warum? Wie?

In der Folge sollten die Lernenden die deutschsprachige Generierung mit dem englischen Output auf denselben Prompt vergleichen (Die Generierung in englische Sprache erfolgte unmittelbar im Anschluss an die deutsche Fassung):

Prompt: Will AI language models destroy jobs?

ChatGPT

The impact of AI language models, like the one you are currently interacting with, on jobs is a complex and multifaceted issue. Here are some key points to consider:

1. **Automation of Routine Tasks:** AI language models can automate certain routine and repetitive tasks that involve natural language processing. This includes tasks like answering customer inquiries, generating content, and providing information. In some cases, this can lead to job displacement for roles that primarily involve such tasks.
2. **Enhancing Productivity:** AI language models can also enhance productivity by assisting humans in various tasks. They can help professionals draft documents, conduct research, and perform data analysis more efficiently. This can lead to improved job performance and potentially the creation of new job roles focused on utilizing AI.

3. **New Job Roles:** The development and maintenance of AI models, including training, fine-tuning, and ensuring ethical use, require skilled professionals. This has led to the creation of new job roles in the field of artificial intelligence, such as AI researchers, data scientists, machine learning engineers, and AI ethicists.
4. **Human-AI Collaboration:** In many cases, AI language models are not replacing humans but rather working alongside them. This collaborative approach can lead to more specialized and higher-value job roles, as humans can focus on tasks that require creativity, critical thinking, emotional intelligence, and complex decision-making.
5. **Increased Efficiency and Cost Savings:** Businesses can benefit from AI language models by reducing operational costs and improving customer service. These cost savings may enable companies to invest in other areas and potentially create new job opportunities.
6. **Ethical and Regulatory Concerns:** The deployment of AI in the workplace raises ethical and regulatory concerns, such as bias, privacy, and transparency. Addressing these concerns may require the expertise of professionals specializing in AI ethics and compliance.
7. **Skill Upgradation:** To adapt to the changing job landscape, workers may need to acquire new skills and knowledge. Lifelong learning and skill upgradation will become increasingly important to remain competitive in the job market.

In summary, AI language models have the potential to both disrupt and create jobs. The extent of their impact depends on various factors, including the industry, the specific tasks involved, and how organizations choose to integrate AI into their operations. While some job roles may be automated or transformed, AI also opens up opportunities for new roles and increased productivity. Effective management and responsible deployment of AI are essential to ensure a positive impact on the job market.

Damit die Schülerinnen und Schüler sich angemessen mit den Inhalten der englischen Generierung sowie einem Vergleich mit der deutschen Fassung beschäftigen können, sollte die Lehrkraft ihnen behilflich sein, unbekannte Vokabeln in Print- oder Online-Wörterbüchern nachzuschlagen.

Das Unterrichtsbeispiel (Beispiel 7) steht sowohl in deutscher als auch in englischer Sprache im Download zur Verfügung: *Wie steht es mit unserer beruflichen Zukunft-/-Will AI language models destroy jobs?*

1.7 KI-Mündigkeit

Bereits 2019 hat Hans-Peter Meidinger, bis Ende Juni 2023 Präsident des Deutschen Lehrerverbands, digitale Mündigkeit als zentrales Ziel moderner Bildung bezeichnet. Seine Ausführungen lassen sich ohne Weiteres auf KI-Mündigkeit übertragen:

> Gefordert ist also ein positiver, produktiver Ansatz, der Kinder und Jugendliche in ihrer Handlungskompetenz stärkt, sowohl was ihre Fähigkeit angeht, Risiken und Gefahren zu erkennen, als auch ihre Fähigkeit, die positiven Chancen und Möglichkeiten sinnvoll zu nutzen. Digitale Mündigkeit bzw. digitale Souveränität muss ein zentrales Bildungsziel in unserer modernen Gesellschaft sein. (Meidinger 2019, S. 7)

Etwa zur selben Zeit weist Lutz Helmig, Professor an der Universität Rostock und Sprecher in verschiedenen Fachausschüssen für informatische Bildung, daraufhin, dass Schülerinnen und Schüler kein Spezialwissen brauchen, aber ein grundsätzliches Verständnis für Fragen der maschinellen Verarbeitung von Informationen und Daten. Sie sollten nicht nur eine ‚passive Konsumhaltung' einnahmen, sondern beurteilen können, welche medizinischen, ökologischen und ethischen Folgen Digitalisierung beziehungsweise KI haben kann. Dazu gehört nach Helmig auch, dass sie die Grenzen von KI-basierten Systeme einschätzen können (https:-/--/-www.zeit.de-/-gesellschaft-/-schule-/-2019-05-/-digitalisierung-schulen-informatik-unterricht-programmieren-digitalpakt; letzter Zugriff Dezember 2023).

Es bleibt jeder Lehrkraft selbst überlassen, wie sie diese Ziele in ihrem Unterricht umsetzt. Eine wichtige Voraussetzung für die Anpassung von Lehren und Lernen an die Erfordernisse der derzeitigen Entwicklung besteht in einer weitgehenden Änderung der Aufgabenstellung. Warum werden immer noch Formate verwendet, die es ermöglichen, die gesamte Aufgabe bzw. größere Teile von einem KI-Sprachmodell erledigen zu lassen? Aufgaben und Themen sollten nicht darauf beruhen, dass Schülerinnen und Schüler den im Unterricht behandelten Stoff reproduzieren oder dass sie eine Internetquelle in leicht veränderter Form wiedergeben. Gefragt sind vielmehr Aufgaben, die eigene Stellungnahmen sowie persönliches Engagement nahelegen.

> Werden individuelle Bezüge in die Lern- und Leistungsaufgaben einbezogen, kann die KI diese nicht ohne Weiteres berücksichtigen, sodass eine Eigenleistung der Lernenden notwendig ist. Ist beispielsweise eine Umfrage in der Klasse, ein Experiment, eine eigene Datenerhebung, das eigene Hobby, ein selbst gewählter Schwerpunkt mit Bezug zum Wohnort oder der Vergleich mit der Darstellung eines Mitschülers oder einer Mitschülerin enthalten, können KI-Textgeneratoren die Aufgabe nicht vollständig übernehmen. Zusätzlich kann es zur Motivation der Lernenden beitragen, wenn ein Thema unter einer individuellen, selbstgewählten Perspektive bearbeitet werden kann. (MSB.NRW März 2023, S. 9)

Diese Forderungen sind keineswegs nur deshalb sinnvoll, weil Lehrpersonen dann leichter feststellen können, ob die Hausaufgaben ganz oder in Teilen mit Hilfe eines KI-Tools erledigt wurden. Viel wichtiger ist eine weitgehende Änderung von Aufgaben und Themen mit Blick auf die derzeitige und spätere Lebens- und Berufswelt der Lernenden. Für welchen Beruf sich einzelne Schülerinnen und Schüler auch entscheiden mögen: Sie sollten längerfristig mitverfolgen, welche Aufgaben schon heute von KI-Sprachmodellen und weiteren generativen Systemen übernommen werden und in welchen Berufsfeldern der Einsatz von KI in der näheren Zukunft anvisiert wird. Das versetzt sie in die Lage, den notwendigen Einsatz von KI (später) angemessen zu unterstützen und diejenigen Aufgabenbereiche, die vermutlich in absehbarer Zeit nicht von KI-basierten Anwendungen übernommen werden, zu vertiefen. Die meisten Arbeitgeber erwarten, dass ihre Arbeiter und Angestellten dergestalt mit den Tools interagieren, dass Produktivität und Gewinn der Unternehmen maximiert werden. Darüber hinaus sollen Arbeitnehmerinnen und Arbeitnehmer weiterführende und neue Aufgaben, für die es (noch) keine KI-Anwendung gibt, zielgerecht erledigen. In vielen Fällen setzt dies die erfolgreiche Kollaboration beziehungsweise Kooperation mit Arbeitskolleginnen und -kollegen sowie besondere Fähigkeiten in bestimmten Aufgabenfeldern voraus.

Über die berufsspezifischen Belange hinaus bietet es sich an, die Qualitäten zu fördern, die nach menschlichem Ermessen nicht von KI-Systemen übernommen werden können (vgl. auch zum Folgenden De Florio-Hansen 2020, S. 69 ff.). Soziale Kompetenz, flexibles Handeln, Kreativität und Empathie sind nur dem Menschen eigen (vgl. Roth-/-Strüber 2018). Diese Fähigkeiten ermöglichen es Menschen unter anderem, mit KI-Applikationen so zu interagieren, dass aus einem als Konkurrenten angesehenen Chatbot ein *Cobot* wird.

Im Download steht ein Unterrichtbeispiel (Beispiel 8) zum Thema *Digitale Mündigkeit* zur Verfügung. Da es im Englischen keinen einheitlichen Ausdruck für diese Zielsetzung gibt, trägt das Arbeitsblatt den Titel: *What about digital reaponsibility, digital maturity, an digital literacy?*

Wie aber können Schule und Unterricht zur Ausbildung von Merkmalen wie Kreativität und Empathie beitragen? Im deutschsprachigen Raum erfolgt immer wieder der Hinweis auf „klassische Bildung". In den USA, wo die Verbreitung und Nutzung von KI weiter fortgeschritten ist als bei uns, wird bereits seit einigen Jahren eine auf Differenzierung beruhende Erziehung (*differentiated education*) gefordert. Dazu macht Joseph Aoun, Präsident der Northeastern University, in seinem Buch *Robot-Proof. Higher education in the age of Artificial Intelligence* einen viel beachteten Vorschlag (Aoun 2017). Obwohl der Autor sich vornehmlich auf die Hochschulausbildung bezieht, können viele seiner Vorschläge auf den Unterricht an deutschen Schulen übertragen werden. Zudem werden sie, wenn auch weniger konkret, in der ergänzenden Empfehlung zur

Strategie „Bildung in der digitalen Welt“ der Kultusministerkonferenz thematisiert (kmk.org.2022).

Lernen soll möglichst häufig durch konkrete außerunterrichtliche Erfahrungen ergänzt werden, und zwar in Form von Praktika und-/-oder dem Aufsuchen außerschulischer Lernorte. Dieses *experiental learning* führt nach Aoun dazu, dass die Schülerinnen und Schüler sich häufiger nach dem Warum und nicht nur nach dem Wie fragen. Das Lernen aus Erfahrung umfasst mehrere Bereiche, die, wo immer möglich, miteinander in Verbindung gebracht werden sollen.

- Eine grundlegende Voraussetzung für das Erfahrungslernen ist *data literacy*, ohne die die Flut von Big Data nicht zu bewältigen ist.
- Außerdem bedarf es eines grundlegenden Verständnisses der hinter KI und Algorithmen stehenden digitalen Technologien, der *technological literacy*.
- Vor allem aber fordert Aoun die Ausbildung und Kultivierung typisch menschlicher Merkmale wie beispielsweise Kreativität, Unternehmergeist, Ethik und kulturelle Agilität. Für *human literacy* hat der Autor den Begriff *humanics* geprägt. Dieser neue Bereich verbindet Humanwissenschaften mit Kommunikation, u. a. der planvollen Zusammenarbeit in verschiedenen Teams.
- Hinzukommen muss nach Aoun *Design* im Sinne der Fähigkeit zur Gestaltung.

Wie Aoun sind auch heute viele Expertinnen und Experten zuversichtlich, dass wir die durch KI-Systeme ausgelöste Revolution durch eine angemessene Neuausrichtung von Lehren und Lernen meistern werden.

Kap. 2 KI-Sprachmodelle und weitere generative Systeme für den Englischunterricht

2.1 Vorüberlegungen

Im Folgenden werden nicht nur KI-Sprachmodelle vorgestellt, sondern weitere KI-basierte Systeme, die im Unterricht, insbesondere beim Lehren und Lernen von Englisch als Fremdsprache, nützlich sein können. In Abschnitt 2.5 stelle ich zudem einige Anwendungen vor, die nach heutiger Definition nicht als KI-Sprachmodelle gelten, aber gleichwohl häufig im Unterricht eingesetzt werden.

Generell ist zu bedenken, dass es schon lange vor ChatGPT KI-Sprachmodelle und weitere KI-Tools zur Generierung von Bildern, Video und Audio gegeben hat, ohne dass sie von einer breiteren Öffentlichkeit wahrgenommen und-/-oder genutzt wurden. Erst durch ChatGPT und vor allem die Möglichkeit der kostenfreien Nutzung dieses Tools sind auch Lehrpersonen sowie Schülerinnen und Schüler in größerer Zahl auf KI-Anwendungen aufmerksam geworden. Bereits 1966 wurde *Eliza* eingeführt, ein auf KI beruhendes Dialogsystem, welches bisweilen für die Betreuung von psychisch kranken Menschen genutzt wurde. Eliza war für diesen Zweck prädestiniert, weil das System die vom Patienten stammenden Äußerungen in leicht veränderter Form wieder aufnahm, ohne selbst eine Lösung für das vom Patienten angedeutete Problem vorzuschlagen. Die Ähnlichkeit mit heutigen Anwendungen wie ChatGPT ist deutlich: liebenswürdiger Wortreichtum anstelle einschlägiger Lösungen.

Bereits 2020 fand an der Stanford University unter Leitung des HAI (Institute for Human-Centered AI) eine Konferenz zum Thema *How Large Language Models will transform Science, Society, and AI* statt. An dieser Veranstaltung waren auch Mitarbeiter von OpenAI beteiligt. In ihrem Fazit *Unterstanding the Capabilites, Limitations, and Social Impact of Large Language Models* gehen Tamkin und seine CO-

Autoren detailliert auf die erwartbaren Veränderungen von Wissenschaft und Gesellschaft ein (vgl. Tamkin u. a. 2021)

Nach derzeitiger Definition basiert ein KI-Sprachmodell auf einer immensen Datenmenge. Auf der Grundlage des (unüberwachten) maschinellen Lernen, kann ein solches System mit großer Wahrscheinlichkeit vorhersagen, welches Wort bzw. welche Wörter auf einen bestimmten Input folgen (vgl. Kap. 1). Heutige Chatbots sind für menschenähnliche Dialoge mit menschlichen Gesprächspartnern ausgelegt. Diese Dialogfunktion wird häufig außer Acht gelassen, wenn Nutzerinnen und Nutzer die Tools als Suchmaschine oder als Grammatik-Checker verwenden. Selbstverständlich generiert ein Tool wie ChatGPT auch dann Lösungen. Die Generierungen sind meist umso wortreicher, je kürzer die Eingabeaufforderung (Prompt; vgl. Kap. 3) ist. Und sie sind oft nicht ohne Verzerrungen und Fehlinformationen.

Die Empfehlungen und konkreten Unterrichtsbeispiele in Teil II beruhen in der Regel auf der kostenfreien Version von ChatGPT, zumal OpenAI diese Anwendung auf längere Sicht in Aussicht gestellt hat, während das Unternehmen die kostenpflichtige ChatGPT-Plus inzwischen aus dem Verkehr gezogen hat. Außerdem vergleiche ich die Ergebnisse mit den Generierungen anderer Tools; die Grundlage bildet jedoch ChatGPT-3.5. Durch dieses Vorgehen wird ein Vergleich des Outputs ermöglicht.

2.2 Von GPT zu ChatGPT

Die mehrfach erwähnte Verfahrensweise GPT (*Generative Pre-trained Transformer*), bei der große Datenmengen ein auf Wahrscheinlichkeiten gegründetes statistisches Modell schaffen, ist nicht erst mit ChatGPT entstanden. Außerdem wird der Begriff GPT nicht nur bei KI-Sprachmodellen, sondern auch bei anderen generativen KI-Systemen verwendet. Alle diese Applikationen prüfen Wahrscheinlichkeiten in einer Richtung: Was könnte auf den Input folgen? Diese unidirektionalen Anwendungen werden als autoregressive Modelle bezeichnet. Ein KI-System, welches nicht auf autoregressivem Vorgehen beruht, ist das 2018 erstmals vorgestellte KI-

Sprachmodell BERT (*Bidirectional Encorder Representations from Tranformer*) von Google (siehe unten).

Das Erscheinen von ChatGPT Ende November 2022 hat einen unerwarteten Hype ausgelöst, mit dem vermutlich selbst OpenAI nicht gerechnet hatte. Andere Tech-Giganten sahen und sehen sich genötigt, in einen Wettstreit mit dem von OpenAI kreierten Tool zu treten. Vor allem Google und Meta, das hinter Facebook stehende Unternehmen, haben ihre in Arbeit befindlichen Tools in kürzester Zeit fertiggestellt und auf den Markt gebracht. Die Konkurrenz ist nicht ohne Rückwirkungen auf OpenAI geblieben.

Mit finanzieller Unterstützung durch Microsoft, das schon zuvor in die Forschung von OpenAI investiert hatte, konnte das kalifornische Unternehmen seinen Bot ChatGPT innerhalb weniger Monate erheblich verbessern und mit einer Reihe zusätzlicher Applikationen versehen. Ursprünglich basierte die Gratis-Version auf GPT-3, die inzwischen zu GPT-3.5 optimiert wurde. Letztere unterscheidet sich jedoch nicht nennenswert von GPT-3. Die kurz dargestellte Entwicklung hat freilich zu einer Umorientierung geführt: Während OpenAI bis dahin als gemeinnützig galt, sind die verbesserten ChatGPT-Systeme seit Mitte 2023 kostenpflichtig. In der folgenden Darstellung beschränke ich mich auf die Anwendungen, die für den schulischen Englischunterricht in deutschsprachigen Ländern relevant sind, gleichgültig ob sie gratis verfügbar oder kostenpflichtig sind.

Zunächst war OpenAI damit beschäftigt, Sicherheitslücken zu schließen. Im März 2023 war es Hackern gelungen, „Konversationen" von Nutzerinnen und Nutzern mit ChatGPT zu lesen. Zunächst versuchte OpenAI, die Übergriffe herunterzuspielen: Es seien lediglich E-Mail-Adressen in unvollständiger Form für nicht-autorisierte Userinnen und User einsehbar gewesen. Schließlich musste das Unternehmen einräumen, dass teilweise auch die Inhalte von Chats von Außenstehenden eingesehen werden konnten. Diese Sicherheitslücken hat OpenAI inzwischen weitgehend behoben.

Seit März 2023 bot das Unternehmen eine kostenpflichtige Version von ChatGPT an, die nicht länger auf GPT-3.5, sondern auf GPT-4 basiert. Der Trainingsprozess unterscheidet sich nicht wesentlich von dem oben angeführten Vorgehen: unüberwachtes Lernen, überwachtes Lernen, Reinforcement Learning from Human Feedback. Weitere Einzelheiten hält OpenAI aus Furcht vor Missbrauch verschiedener Art geheim. Das Leistungsspektrum hat sich deutlich erweitert. M. Yao nennt u. a. folgende Vorzüge dieses Tools:

- GPT-4 demonstrates a substantial improvement in following user intent, with its responses preferred over GPT-3.5's responses in 70,2 % of 5,124 prompts from ChatGPT and the OpenAI API.
- GPT-4's safety properties have significantly improved compared to GPT-3.5, with an 82 % decrease in responding to disallowed content requests and a 29 % increase in compliance with policies for sensitive requests (e. g. medical advice and self-harm). (Yao April 2023; https:-/--/-appliedaibook.com-/-top-language-models-2023-/- ; letzter Zugriff Dezember 2023)

Kommerziell vertrieben wurde die verbesserte Fassung unter dem Markennamen ChatGPT Plus bis November 2023. Inzwischen hat OpenAI dieses kostenpflichtig Angebot zurückgenommen; es ist aber in verschiedene Applikationen von Microsoft Bing integriert und steht kostenfrei zur Verfügung. Das gilt auch für die Generierung von Ton und Bild.

Wer sich in überschaubaren Abständen über die Entwicklung der von OpenAI gestalteten KI-Systeme informieren möchte, sei auf den englischsprachigen Blog des Unternehmens verwiesen. Dort ist Ende August 2023 ein Post mit dem Titel *Teaching with AI* erschienen (https:-/--/-openai.com-/-blog-/-teaching-with-ai ; letzter Zugriff Dezember 2023). Zunächst werden Beispiele vorgestellt, wie Lehrpersonen ChatGPT nutzen. Es folgen Prompts zu folgenden Themen:

A. Come up with lesson plans
B. Create effective explanations, examples, analogies
C. Help students learn by teaching
D. Create an AI tutor

Trotz der Verbesserungen haben die Unzulänglichkeiten von ChatGPT und anderen KI-Sprachmodellen nicht abgenommen, obwohl OpenAI und die anderen Anbieter daran arbeiten. Generell kann man feststellen, dass die Intransparenz von KI-Systemen zunimmt, je größer sie werden. Die Generierungen sind weiterhin oft nicht nachvollziehbar und bisweilen fehlerhaft. Dazu heißt es in einem Whitepaper der Plattform für Künstliche Intelligenz *Lernende Systeme*: „Logische Zusammenhänge werden schließlich lediglich über Ähnlichkeitsbeziehungen abgebildet, weshalb es den Modellen an Fähigkeiten für die logische Schlussfolgerung und Mathematik mangelt." Dem fügt H. Schütze, einer der Co-Autoren des genannten Papiers, hinzu, dass über Ähnlichkeiten hinaus Verständnis und Bewertung lebensweltlicher Kontexte nötig sind, wenn logisches Schließen und das Erkennen von Widersprüchen hinzukommen sollen (Löser, Tresp u. a. 2023, S. 10). Es besteht also ein grundlegender Unterschied zwischen einem System, welches Sprache lediglich anwendet, und einem System, welches Sprache tatsächlich versteht.

2.3 Ausgewählte KI-Sprachmodelle

Bard

Der größte Konkurrent von OpenAI war und ist ohne Zweifel Google. Bereits 2017 hat Google die Transformer-Technik, auf der die meisten heutigen Generativen Systeme beruhen, vorgestellt und für alle Interessenten open-source zur Verfügung gestellt. Das Erscheinen und vor allem der Hype um ChatGPT waren ein herber Schlag für die Experten von Google. Das Unternehmen, welches ca. 130,000 Mitarbeiter beschäftigt, hat alles darangesetzt, einen Chatbot aus seinen bereits vorhandenen KI-Modellen zu schaffen, der es mit ChatGPT aufnehmen kann. Anfang Februar 2023 kündigte Google einen neuen Bot namens Bard an. Der Name des KI-Sprachmodells ist an Shakespeare orientiert, der häufig als Barde von Stratford-upon-Avon bezeichnet wird.

Bard stützt sich hautsächlich auf Googles KI-Systeme **LaMDA** (Language Model for Dialog Applications) und **PaLM** (Pathways Language Model), die auch heute noch zur Nutzung zur Verfügung stehen.

LaMDA ist speziell für Dialoge ausgelegt. Google verfolgte mit diesem Sprachmodell vor allem drei Ziele: Qualität, Sicherheit und Bodenständigkeit (*groudedness*). Mit dem Terminus *groundedness* wird Bezug auf die Angabe zuverlässiger Quellen genommen. Während das Fine-tuning zu größerer sprachlicher Qualität führte, blieb das KI-System in den Bereichen Sicherheit und Bodenständigkeit hinter den Erwartungen zurück. M. Yao erläutert die Funktionsweise des KI-Sprachmodells und fügt ein mit Hilfe von LaMDA generiertes Beispiel an:

> The LaMDA Generator first generates several candidate responses, which are all scored based on how safe, sensible, specific, and interesting they are. Responses with low safety scores are filtered out, and then the top-ranked result is selected as a response. (Yao a. a. O.)

Hi! Hello, I am a friendly dialog model. What do you want to talk about?

> What's a good topic for a new blog?

Well there are so many! How about something about a new food item that you just tried.

> There are lots of food blogs. How can I make it unique?

Hmmm, you can write about a food that you tried somewhere that is exclusive to that location or restaurant.

> Sounds expensive. Can you give me a low budget food blog idea?

Well you could write something about a food that you can make on a budget or maybe something about how to shop for food if you have a limited income.

> Not a bad idea, but still not special enough. What will really make it stand out?

You could do it as a video blog. Just take pictures of you cooking and add text as you go.

Weitere Informationen vgl. Thoppilan, R. u. a. (2022): LaMDA: Language Models for Dialog Applications; https:-/--/-arxiv.org-/-pdf-/-2201.08239.pdf ; letzter Zugriff Dezember 2023.

PaLM wird inzwischen – 2023 hat Google eine verbesserte Version vorgestellt – hauptsächlich für Aufgaben der Bilderkennung und Bildverarbeitung genutzt, ist aber generell für das Verstehen und Generieren von Sprache, das Schlussfolgern und Kodieren ausgelegt. Zum *Reasoning* schreibt M. Yao:

> PaLM also demonstrates the ability to generate explicit explanations in situations that require a complex combination of multi-step logical inference, world knowledge, and deep language understanding. (Yao a. a. O)

Dies ist nicht zuletzt auf die umfangreichen Trainingsdaten zurückzuführen:

> The training data for the PaLM model included a combination of English and multilingual datasets containing high-quality web documents, books, Wikipedia, conversations, and GitHub code. (Yao a. a. O.)

Weitere Einzelheiten findet man u. a. auf einem Blogpost von Google Research: Pathways language Model (PaLM): Scaling to 540 Billion Parameters for Breakthrough Performance.

Nicht nur PaLM und LaMDA, sondern auch Bard sind von der stilistischen Geschmeidigkeit von ChatGPT-3.5 und seinen Nachfolgemodellen (noch?) entfernt, obgleich Fortschritte zu verzeichnen sind. Google beschränkte die Nutzung von Bard zunächst auf eine Gruppe ausgewählter „vertrauenswürdiger Tester“ (*trusted testers*) (vgl. heise online: Bard: Googles Antwort auf OpenAIs Chatbot ChatGPT). Aber schon Ende März 2023 wurde Googles neuer Chatbot einem größeren Kreis zugänglich gemacht; Interessentinnen und Interessenten aus den USA und dem UK konnten sich auf einer Warteliste eintragen. Zuvor hatte Google einen herben Rückschlag hinnehmen müssen. Im Rahmen einer auf X-/-Twitter veröffentlichten Präsentation gab Bard eine falsche Antwort. Wie alle KI-Sprachmodelle kommt es auch bei Googles neuem Tool zu Verzerrungen und Fehlinformationen. Seit Mai 2023 ist Bard in über 180

Ländern verfügbar. Ausgenommen war zunächst die EU. Vermutlich fürchtete Google aufgrund einer Intervention aus Irland, das neue KI-Sprachmodell sei nicht mit der Datenschutz-Grundverordnung in Einklang. Diese Bedenken konnten jedoch beseitigt werden, und so ist Bard seit 13. Juli 2023 auch in ganz Europa nutzbar (vgl. M. Sachse: ChatGPT-Konkurrent: Google bringt Bard nach Deutschland. In: Faz.Net 13. Juli 2023). Inzwischen kann Bard in 238 Ländern und in 46 Sprachen genutzt werden (Stand August 2023).

In einer frühen Review mit dem Titel *Hands on: Google Bard – our first impressions of the ChatGPT rival* gibt M. Saxena seine Eindrücke Ende März 2023 wieder. Nach einem Lob für das Design von Bard geht der Autor auf die Leistungsfähigkeit des neuen Tools von Google ein:

> In terms of performance, it's hard not to be blown away by Bard.
> As soon as you enter the chat you're greeted with a helpful and rather endearing introduction from Bard (an incredibly sweet name, Google). It admits it won't get everything right and welcomes feedback, before giving you a revolving list of potential questions.
> Bard's tone of voice and temperament is strikingly human and incredibly easy to talk to; you feel like you're chatting with a friendly face. It's unassuming and charming, incredibly helpful, and always ready to apologize and admit its failings. The chatbot seems just as excited to talk to you as you are to talk to it.
> In comparison to other chatbot models such as Bing AI and ChatGPT, the response time between putting in a prompt and having the bot respond is astoundingly fast. (Saxena u.a. 21. März 2023: https:-/--/-www.techradar.com-/-reviews-/-google-bard ; letzter Zugriff Dezember 2023)

Saxena und seine Co-Autoren gehen nicht auf die inhaltliche Richtigkeit und die Angabe vertrauenswürdiger Quellen ein. Ebenfalls im März 2023 fragt beispielsweise D. Pierce auf *The Verge*, einem US-amerikanischen Technikportal: Google says its Bard isn't a search engine – so what is it? Google selbst stellt den Chatbot auf einer eigens dafür eingerichteten Website: bard.google.com (letzter Zugriff Dezember 2023) vor:

Ich bin Bard, deine kreative und praktische Unterstützung. Ich bin nicht perfekt und mache nicht immer alles richtig. Dein Feedback hilft mir aber dabei, besser zu werden.

Du weißt nicht, wo du anfangen sollst? Probier doch mal Folgendes aus:

Schreibe eine Kleinanzeige für einen Eichenschrank aus den 80er Jahren.

Erkläre mir den Zusammenhang von Inflation und Zinsen

Oder mach dort weiter, wo du aufgehört hast:
Prompt: Du bist jetzt ein Assistent, der die Schüler beim Fü...

privacy_tip
Zur Qualitätssicherung können Prüfer deine Unterhaltungen mit Bard verarbeiten. Gib also bitte keine vertraulichen Daten ein. Weitere Informationen

Um einen Vergleich mit ChatGPT zu ermöglichen, habe ich bei Bard und bei ChatGPT (hintereinander am gleichen Tag) folgenden Prompt eingegeben:

Prompt: You are now an assistant to help students keep a learning journal. Create a list of self-reflection suggestions for grade 9 students.

Here are some self-reflection suggestions for grade 9 students:

- What did I learn this week? This could be a specific concept, skill, or attitude that you developed.
- What was my biggest challenge this week? How did I overcome it?
- What am I proud of this week? This could be anything from getting a good grade on a test to helping a classmate.
- What could I have done better this week? What are some specific things I can do to improve my learning?
- What are my goals for next week? How can I make sure I achieve them?
- What are my strengths and weaknesses as a learner? How can I use my strengths to improve my weaknesses?
- What are my learning preferences? How do I learn best?
- How can I stay motivated to learn? What are some strategies that work for me?
- How can I manage my time more effectively? What are some tips for staying on track?
- How can I improve my communication skills? How can I better express my ideas?
- How can I work more effectively with others? What are some strategies for collaboration?
- What are my plans for the future? What are my goals for college, career, and beyond?

These are just a few suggestions to get you started. The most important thing is to find a reflection process that works for you and to make it a regular part of your learning.

Here are some additional tips for promoting self-reflection in students:

- Model self-reflection yourself. Share your own thoughts and feelings about your learning with your students.
- Create a safe and supportive environment for reflection. Students should feel comfortable sharing their thoughts and feelings without fear of judgment.

- Use a variety of reflection techniques. There is no one-size-fits-all approach to reflection. Experiment with different techniques to find what works best for your students.
- Provide regular feedback. Let your students know how they are doing and offer suggestions for improvement.
- Celebrate successes. When students make progress, be sure to acknowledge and celebrate their successes.

Self-reflection is a powerful tool that can help students learn and grow. By promoting self-reflection in your students, you can help them become more successful learners.

Zum Vergleich die Generierung von ChatGPT:

Title: Grade 9 Learning Journal Self-Reflection Suggestions

1. **Set Clear Goals:**
   - What specific academic goals did you set for yourself this week? How did you work towards achieving them?
2. **Highlight Achievements:**
   - List at least three accomplishments from this week, no matter how small. What did you do well?
3. **Identify Challenges:**
   - What was the most challenging aspect of your studies this week? How did you approach it, and what did you learn from it?
4. **Time Management:**
   - Reflect on how effectively you managed your time. Did you allocate enough time for different subjects and activities?
5. **Study Techniques:**
   - Which study techniques worked best for you this week? Are there any methods you want to try next week?
6. **Resource Utilization:**
   - Did you make the most of available resources (books, online materials, teachers, peers) in your learning process?

7. **Reflection on Class Participation:**
   - How active were you in class discussions? Did you ask questions or contribute to group activities?
8. **Feedback from Teachers:**
   - Consider any feedback you received from teachers. How can you use this feedback to improve?
9. **Self-Motivation:**
   - Reflect on your level of motivation this week. What inspired or motivated you to excel in your studies?
10. **Balancing Personal Life:**
    - How well did you balance your academic responsibilities with other aspects of your life (family, hobbies, extracurriculars)?
11. **Subject Strengths and Weaknesses:**
    - Identify the subjects or topics you found most challenging and those that came more naturally. How can you improve in the areas you find difficult?
12. **Goal Adjustments:**
    - Are there any adjustments you need to make to your academic goals or study plan for the upcoming week?
13. **Peer Interactions:**
    - Reflect on your interactions with classmates. Did you collaborate effectively on group projects or assignments?
14. **Feedback to Yourself:**
    - Write a letter to yourself, providing encouragement and highlighting areas where you can improve.
15. **Reflect on Mistakes:**
    - Identify any mistakes you made during the week. What did you learn from them, and how can you avoid similar ones in the future?
16. **Long-Term Goals:**
    - Consider your long-term academic and career goals. How are your current efforts contributing to these aspirations?

17. **Mindset and Attitude:**
    - Evaluate your mindset and attitude towards learning. Are there any adjustments you can make to cultivate a more positive approach?
18. **Health and Well-being:**
    - How did your physical and mental well-being impact your learning this week? What steps can you take to prioritize your health?
19. **Celebrate Progress:**
    - Take a moment to celebrate your achievements, no matter how small. Recognizing your progress is an important part of the learning process.
20. **Set Next Week's Goals:**
    - Based on your reflections, set specific, achievable goals for the upcoming week.

Remember, a learning journal is a tool for self-improvement. Use it to track your progress, celebrate your successes, and learn from your challenges. Happy journaling!

Der Hauptunterschied zwischen beiden Generierungen besteht sicherlich darin, dass Bard auch die Rolle der Lehrkraft thematisiert, während ChatGPT am Ende kurz auf das Führen des Lerntagebuchs eingeht. Welchem Output man eher zuneigt, hängt von einer Reihe von Faktoren ab, insbesondere dem Lernkontext sowie der Lehrerpersönlichkeit und der einzelner Schülerinnen und Schüler. Nichts spricht dagegen ausgewählte Aspekte aus beiden Generierungen miteinander zu verbinden. Als weiterführende Lektüre empfehle ich einen Zeitungsartikel aus der New York Times von B. X. Chen: *How ChatGPT and Bard performed as my executive assistants* (The New York Times, March 23.2023, ISSN 0362-4331).

LLaMA

Neben Google fühlte sich vor allem Meta, das hinter Facebook stehende KI-Unternehmen, durch die Erfolge von OpenAI mit ChatGPT herausgefordert. Ähnlich wie *Stable Diffusion* zur Generierung von Bildern (vgl. 2.4) bekundet Meta, es wolle den Zugang zu großen KI-Systemen demokratisieren. Es gehe nicht an, dass man nur über den Prompt Einfluss auf eine KI ausüben könne. Es müsse möglich sein, dass Interessierte einen vollständigen Zugang zu der grundlegenden Technologie erhielten, auf der ein bestimmtes KI-System beruht. Nur so könne man letztlich verstehen, wie und warum Sprachmodelle funktionieren. Nur so sei es möglich, die Algorithmen zu verbessern und Verzerrungen und Missbrauch zu verhindern.

> Im Gegensatz zu ChatGPT und GPT-4, die Blackboxen darstellen [...], ist LLaMA ein offenes Modell. Man kann es auf eigener Hardware laufen lassen und anpassen. So ist es einem Forschungsteam in Stanford gelungen, aus dem vergleichsweise kleinen LLaMA ein neues Modell abzuleiten, das es mit ChatGPT aufnehmen kann. (Winkler 2023; heise online)

Im Februar 2023 kündigte Meta sein neues Tool LLaMA an und räumte den Zugriff für Forschende und Vertreter der Industrie für nicht kommerzielle Zwecke auf Antrag ein. Meta stellte LLaMA als Open Source zur Verfügung, d. h. es gab den Quellcode bekannt, sodass er heruntergeladen werden konnte, um das Programm einzusehen, zu ändern und zu nutzen, obgleich Sicherheitsexperten dieses Vorgehen für riskant halten und die Rechtsgrundlagen bisher fehlen. Es verging keine Woche und Hacker hatten LLaMA, inzwischen als LLaMA 1 bezeichnet, in vollem Umfang geleakt, also der Öffentlichkeit über das Internet zugänglich gemacht. Ein solcher Hacker-Angriff ist nicht ungewöhnlich und kommt auch bei anderen mit Open-Source-Lizenz betriebenen KI-Systemen vor.

Folglich hielt dies Meta nicht davon ab, im Juli 2023 das Modell LLaMA 2 zu veröffentlichen, welches auch kommerziell genutzt werden kann. Im Unterschied zu ChatGPT, bei dem die Dialogfunktion im Vordergrund steht, eignet sich LLaMA hauptsächlich für die Analyse von Texten. Beispielsweise können Firmen Fragen zu eigenen Dokumenten stellen, die sie zuvor hochgeladen haben.

Warum soll man sich die Mühe machen, ein solches Programm auf dem eigenen Rechner zu installieren, wenn ChatGPT und weitere KIs zur sofortigen Nutzung bereitstehen? Ohne Zweifel kann man durch Systeme wie LLaMA tiefere Einblicke in KI-

Sprachmodelle gewinnen und wünschenswerte Anpassungen vornehmen. Für Lehrpersonen sind solche Anwendungen meines Erachtens nicht sinnvoll. Es ist viel zu zeitaufwendig, sich in erforderlichem Maß in die Programmierung einzuarbeiten und die rechtlichen Grundlagen angemessen zu berücksichtigen, insbesondere wenn es um Daten von Schülerinnen und Schülern geht.

Bing Chat

Der Zugriff auf Microsoft Bing Chat hingegen ist denkbar einfach. Man klickt bei Microsoft Edge in der Seitenleiste rechts oben auf das Symbol für Bing, ein stilisiertes b, und klickt dann noch einmal auf dieses Symbol, um Bing zu öffnen. Da es sich im Wesentlichen um eine Applikation von ChatGPT handelt, gelten die dafür in den vorausgegangenen Kapiteln beschriebenen Richtlinien und Empfehlungen. Auch hier bietet es sich an, englischsprachige Generierungen miteinander zu vergleichen.

Prompt: What scenarios can I use to reduce anxiety and stress in my students during exams? Give concrete examples.

Hello, this is Bing. I'm glad you asked. 😊

There are many scenarios that can help you reduce anxiety and stress in your students during exams. Here are some examples:

- **Study right**: Encourage your students to study regularly, review the material, and avoid cramming the night before the exam[1].
- **Attempt mock examinations**: Give your students practice tests or quizzes to familiarize them with the exam format and questions[1].
- **Speak to someone**: Provide your students with emotional support and guidance. Let them know that you are available to listen to their concerns and offer feedback[1].
- **Take a break**: Remind your students to take breaks from studying and do something relaxing or enjoyable, such as listening to music, reading a book, or playing a game[1].

- **Adopt relaxation techniques**: Teach your students some simple techniques to calm their nerves, such as deep breathing, meditation, or mindfulness[123].

I hope these examples are helpful for you. Do you have any specific questions about these scenarios?

Further Information:

1. collegemarker.com
2. the conversation.com
3. this.deakin.edu.au
4. bmcpsychology.biomedcentral.com +2

ChatGPT

Reducing anxiety and stress in students during exams is crucial for creating a conducive learning environment. Here are some concrete scenarios and examples you can use:

1. **Provide Clear Expectations:**
   - Scenario: Before the exam, communicate clear expectations about what will be covered, the format of the exam, and any specific instructions.
   - Example: Distribute a study guide that outlines the topics that will be tested and the type of questions that will be asked.
2. **Offer Study Resources:**
   - Scenario: Provide additional resources that students can use for review and preparation.
   - Example: Create a list of recommended readings, online tutorials, or practice questions related to the exam topics.
3. **Practice Relaxation Techniques:**
   - Scenario: Teach students techniques for managing anxiety and stress.
   - Example: Hold a brief mindfulness or deep breathing exercise before the exam to help students relax and focus.

4. **Encourage Time Management:**
   - Scenario: Help students plan their study schedules to avoid last-minute cramming.
   - Example: Provide a sample study schedule with allocated time for reviewing different topics leading up to the exam.
5. **Foster a Supportive Environment:**
   - Scenario: Create an atmosphere where students feel comfortable asking questions or seeking help.
   - Example: Encourage peer-to-peer support by organizing study groups or discussion sessions.
6. **Offer Practice Exams or Quizzes:**
   - Scenario: Give students an opportunity to practice under exam-like conditions.
   - Example: Provide a mock exam or quiz with similar question types and time constraints to help students get accustomed to the format.
7. **Provide Constructive Feedback:**
   - Scenario: Offer feedback on practice exams or assignments to help students understand their strengths and areas for improvement.
   - Example: After grading a practice exam, provide detailed explanations for correct and incorrect answers.
8. **Create a Comfortable Exam Environment:**
   - Scenario: Ensure that the physical environment where the exam is administered is conducive to concentration.
   - Example: Arrange seating to minimize distractions, provide adequate lighting, and make sure the room is at a comfortable temperature.
9. **Encourage Self-Care:**
   - Scenario: Remind students to take care of their physical and mental well-being during the exam period.
   - Example: Share tips for maintaining a balanced diet, getting enough sleep, and incorporating short breaks for relaxation.

10. **Offer Flexibility and Accommodations:**
    - Scenario: Recognize that each student may have unique needs or circumstances that affect their ability to perform in an exam.
    - Example: Provide accommodations for students with disabilities, offer alternative exam formats, or consider extensions in cases of extenuating circumstances.
11. **Celebrate Efforts and Achievements:**
    - Scenario: Recognize and celebrate students' hard work and accomplishments, regardless of the outcome.
    - Example: Provide positive reinforcement through verbal praise, written notes, or small rewards for students who have put in significant effort.

Remember, open communication, empathy, and understanding are key components of creating a supportive exam environment. By implementing these scenarios and examples, you can help reduce anxiety and stress in your students and promote a more positive learning experience.

- Während ChatGPT elf wortreiche Vorschläge macht, konzentriert sich die Generierung von Bing auf das Wesentliche.
- Bing hält Quellen in Auswahl bereit, welche die Lehrperson nach Bedarf nutzen kann. Besonders empfehlenswert ist die unter Nr. 1 angegebene Darstellung von *Collegemarker*. Sie ist sehr ausführlich, kann aber mit fortgeschrittenen Lernenden im Auszug gelesen und besprochen werden.

BERT

Wie oben erläutert, berücksichtigt diese KI nicht nur das, was mit größter Wahrscheinlichkeit auf einen eingegebenen Text folgt, sondern stützt sich auch auf das, was einem Wort oder einer Wortfolge höchstwahrscheinlich vorausgeht. Bei BERT handelt es sich um eine Suchmaschine, die Google bereits 2018 vorgestellt und im Jahr 2019 einem grundlegenden Update unterzogen hat.

Sie erscheint unter KI-Sprachmodellen, weil Google vornehmlich Verbesserungen am Sprachverständnis der KI vorgenommen hat. Anfragen bei Google brachten häufig nicht das gewünschte Ergebnis. Wenn man beispielsweise eingegeben hat: *Deutschland Reisender Visumspflicht nach USA* hat die KI das Wort ‚nach' übersehen und, wenn überhaupt, einen unzureichenden Output generiert hat. Es ging also darum, die Google-Suche durch all die Errungenschaften wie *Natural Language Processing*, Neuronale Netzwerke und *Deep Learning* zu optimieren, die später für KI-Sprachmodelle genutzt wurden.

Über die unzureichende Berücksichtigung der Semantik hatte und hat Google damit zu kämpfen, dass Suchanfragen inzwischen häufig in ganzen Sätzen gestellt werden. Die Optimierungen von Google waren und sind so erfolgreich, dass der chinesische Suchmaschinenanbieter Baidu sich inhaltlich an BERT orientiert hat. Das Tool heißt ERNIE und soll es mit BERT durchaus aufnehmen können. ERNIE steht nicht nur in chinesischer Sprache zur Verfügung, sondern kann auch in englischer Sprache genutzt werden. BERT gibt es seit 2019 auch in einer deutschsprachigen Fassung.

(Auf folgender Website erfahren Sie, wie Sie Google als Standardsuchmaschine festlegen können: https:-/--/-support.google.com-/-websearch-/-answer-/-464?hl=de ; letzter Zugriff Dezember 2023)

Deutschsprachige KI-Systeme?

Auch wenn dies für die Nutzung im Englischunterricht etliche Vorteile und wenig Nachteile mit sich bringt, sei dennoch darauf verwiesen, dass KI-Systeme für die deutsche Sprache bisher weitgehend fehlen. Deutsche Nutzerinnen und Nutzer sind häufig auf außereuropäische Modelle privater Unternehmen angewiesen. Dazu stellt K. Kersting, Professor an der Technischen Universität Darmstadt, Mitglied der Arbeitsgruppe Technologische Wegbereiter und Data Science, fest:

> Zukünftige Modelle, die noch größer sind als ChatGPT, könnten uns mit zusätzlichen Fähigkeiten überraschen. So oder so ist es wichtig, dass Deutschland und Europa in diesem Bereich ganz vorn mitmischen. Dazu

> brauchen wir ein leistungsfähiges KI-Ökosystem. Nur so können wir KI-Systeme nach unseren Vorstellungen gestalten und eine KI-Kreislaufwirtschaft ‚Made in Europe' etablieren. (Löser, Tresp u. a. 2023, S. 13)

H. Schütze beantwortet die Frage „Deutschsprachige Sprachmodelle – eine Option zu multilingualen englischen Modellen?" im gennannten Whitepaper wie folgt:

> Dafür benötigt man zunächst ernsthafte Forschung zu monolingualen Modellen, die nicht englisch sind. Im Englischen ist die sprachliche Form-Vielfalt eher gering und daher ist Englisch ein Glücksfall für die Transformer-Architekturen. Im Deutschen gibt es Morphologien [sic] und Kompositionen in großer Vielfalt. Gerade weil wir sagen, dass die unteren Ebenen der Transformer symbolisch und regelbasiert sind, ist das eine Herausforderung für ein monolinguales Modell. Bei den multilingualen Modellen gibt es aber so viele zusätzliche Probleme, sodass sich ein monolinguales deutschsprachiges Modell lohnt. (Löser, Tresp u. a. 2023, S. 19)

2.4 *LGAIMs*: Beispiel Bildgenerierung

Fitzpatrick und seine Co-Autoren stellen 16 verschiedene KI-Systeme vor, die über die Generierung von Sprache hinausgehen. Einige haben nur eine Funktion, beispielsweise *Text-to-Text,* während andere für verschiedene Funktionen genutzt werden können. Die wichtigsten sind:

Text-to-Image, Text-to-Video, Text-to-Audio oder *Text-to-Code;* die meisten funktionieren auch in umgekehrter Richtung, also *Image-to-Text* etc. (Fitzpatrick u.a. 2023, S. 198 ff.). Die meisten davon sind in Deutschland (noch) nicht erhältlich.

Für die verschiedenen Formen der Bildgenerierung gelten mit geringfügigen Änderungen die in Abschnitt 1.4 dargelegten technologischen Gegebenheiten: maschinelles Lernen, Deep Learning, künstliche neuronale Netze in teilweise abgewandelter Form. Hinzukommen die GANs (*Generative Adversarial Networks*), eine besondere Form von Algorithmen. Diese Form des unüberwachten Lernens basiert auf zwei künstlichen neuronalen Netzwerken. Der Generator erstellt das jeweilige mit Hilfe des Prompts angeforderte Bild, während der Diskriminator über die „Echtheit" der Generierung entscheidet.

Die meisten Bildgeneratoren sind kostenpflichtig; meist gibt es die Möglichkeit, die Tools kostenlos im Rahmen einiger Generierungen zu testen (bei Midjourney sind es 25 kostenlose Bilder). Die meisten Bildgeneratoren arbeiten auf der Grundlage von Textprompts, die zum Output eines „Bildes" führen. Es gibt jedoch auch Tools, die auf gesprochene Sprache reagieren, eigene Bilder bearbeiten oder versprachlichen. Mit Bild kann u. a. eine Darstellung gemeint sein, die sich an einem Künstler oder einer Epoche orientiert, eine Fotografie, eine graphische Darstellung, Cartoons sowie andere Darstellungsformen. Die meisten Tools stehen nur in englischer Sprache zur Verfügung; wenn sie Prompts in anderen Sprachen akzeptieren, ist das Ergebnis meist nicht so gut wie bei einer englischsprachigen Eingabeaufforderung. Zudem müssen zahlreiche Aspekte im Prompt berücksichtigt werden und derselbe Prompt liefert bei verschiedenen Tools Ergebnisse höchst unterschiedlicher Qualität (vgl. Kap. 3).

Die bekanntesten Bildgeneratoren sind DALL-E3 und Midjourney. Aber auch sie existieren nur in einer Beta-, also einer Testversion. Der Unterschied zwischen den beiden Tools ist die leichtere Handhabung von DALL-E 3 und die höhere Qualität des Outputs bei Midjourney.

DALL-E 3: Ausführliche Informationen und die Möglichkeit zur Anmeldung findet man auf der entsprechenden Site von OpenAI: https:-/--/-openai.com-/-dall-e-3 (letzter Zugriff Dezember 2023).

Midjourney

Ein LGAIM, das auch in deutscher Sprache zur Verfügung steht, ist *Midjourney*, welches ebenfalls aus Text-Prompts Bilder generiert. Nach einem kostenlosen Test kann man das Tool gegen eine geringe Gebühr abonnieren. Die Arbeit mit dem Tool erfolgt über die Plattform Discord, was die Nutzung nicht leicht macht. Die Prompts müssen weit detaillierter sein, als bei DALL-E 3 (vgl. Kap. 3). Die Anmeldung erfolgt über: https:-/--/-discord.com-/-invite-/-midjourney (letzter Zugriff Dezember 2023). Informationen finden Interessentinnen und Interessenten unter: https:-/--/-

praxistipps.chip.de-/-midjourney-kostenlos-nutzen-das-muessen-sie-zur-bild-ki-wissen_156978 (letzter Zugriff Dezember 2023).

Stable Diffusion

Eines der wenigen Tools, das in Deutschland entstanden ist und sich auf dem Weltmarkt behaupten kann, ist Stable Diffusion. Es wurde von B. Ommer, Professor an der Ludwig-Maximilians-Universität München, und seinem Team geschaffen. Stable Diffusion kann auf gewöhnlicher Hardware genutzt werden (https:-/--/-stablediffusionweb.com-/-#demo; letzter Zugriff Dezember 2023).

Die genannte URL bietet die Möglichkeit *Stable Diffusion* ohne besonderen Aufwand zu testen, d. h. man braucht keinen Account einzurichten, sondern kann sofort mit dem Prompt beginnen. Dabei fällt auf, dass die „Demokratisierung“ nicht soweit fortgeschritten ist, dass *Stable Diffusion* sich bei Anweisungen und Erläuterungen vorrangig der deutschen Sprache bedient. Die vorherrschende Sprache ist auch hier English. Die Prompts können jedoch auch auf Deutsch erfolgen. Man gibt also eine Eingabeaufforderung ein, in der man das Bild, welches man erhalten möchte, kurz beschreibt. Einige Sekunden später erscheinen meist vier Bilder in quadratischer Anordnung, aus denen man das passende auswählen, die man aber auch zusammen verwenden kann. Zwar ist der Zugang zum Test, wie gesagt, einfach, aber einen Prompt für einen Bildgenerator wie *Stable Diffusion* zu verfassen, ist wie bei den meisten anderen Bildgeneratoren recht anspruchsvoll.

2.5 Weitere Applikationen für den Englischunterricht

Grammarly

Auf KI, wenn auch nicht in gleicher Weise wie die in 2.1 bis 2.4 vorgestellten KI-Systeme, beruht u. a. Grammarly (www.grammarly.com). Dabei handelt es sich um einen cloudbasierten Schreibassistenten, mit dessen Hilfe Lehrpersonen und vor allem Schülerinnen und Schüler Texte in englischer Sprache auf Rechtschreib-, Grammatik- und Interpunktionsfehler prüfen lassen können. Das Tool bietet für die gefundenen Fehler sowie bei Unzulänglichkeiten hinsichtlich der Klarheit Verbesserungen an. Je nach Anspruch und Zugriffshäufigkeit variieren die Kosten. Eine konkrete Anwendung beschreiben Strasser und Schmidt in einem Beitrag in DfU Englisch (Strasser-/-Schmidt 2023, DfU Engl. 184).

DeepL Translator

Im gleichen Artikel gehen die Autoren auch auf die Nutzung der Übersetzungs-KI DeepL ein (https:-/--/-www.deepL.com-/-de-/-translator). Im Zusammenhang mit dem Verfassen von Beschwerde-Mails zeigen sie, wie man DeepL und andere Übersetzungssysteme so nutzen kann, dass die Generierungen für die Schülerinnen und Schüler einen Lernzuwachs bedeuten und nicht einfach nur als Online-Wörterbuch fungieren. DeepL basiert auf dem sogenannten Freemium-Modell, auf dem auch ChatGPT und zahlreiche andere Applikationen beruhen.

> Unter Freemium versteht man ein Geschäftsmodell, bei dem ein Unternehmen einen wesentlichen Teil seines Angebotes kostenlos zur Verfügung stellt. Umsatz wird dann mit attraktiven und nutzwertigen Zusatzleistungen um das kostenlose Angebot gemacht. V.a. im World Wide Web setzen Unternehmen auf Freemium-Modelle.
> Das Wort Freemium ist aus den Wörtern "free" (für kostenlos) und "premium" (im Sinne von Aufpreis) zusammengesetzt. Grundsätzliche Idee des Freemium-Modells ist die Kombination aus kostenlosen und kostenpflichtigen Angeboten. (https:-/--/-wirtschaftslexikon.gabler.de-/-definition-/-freemium-53522 ; letzter Zugriff Dezember 2023)

Mindmap-Kreator: GitMind

Kostenfrei steht die Software GitMind zur Verfügung, die alle erdenklichen Formen von Mindmaps erstellt (https:-/--/-gitmind.com ; letzter Zugriff Dezember 2023). In einem Beitrag in DfU Englisch zum digitalen Mindmapping für die Erzählanalyse und als Scaffolding für das Schreiben zeigt Beyer die vielfältigen Nutzungsmöglichkeiten des Tools auf. GitMind bietet eine breite Palette unterschiedlicher Formen von Mindmaps, die auch über den Englischunterricht hinaus von Interesse sind (Beyer 2022, DfU Engl. 177).

Genial.ly

Eine weitere KI-gestützte Hilfe ist Genial.ly. Das Tool stellt sowohl für Lehrkräfte als auch für Schülerinnen und Schüler eine große Hilfe bei der Erstellung von visualisierten und auditiven Inhalten dar (vgl. Beyer 2023, DfU Engl. 185, S. 10 ff.). Unter https:-/--/-genial.ly-/-first-steps-/- kann man sich mit der großen Zahl von Applikationen vertraut machen. Man kann eigenes Material verwenden oder aus einer großen Zahl von vorgefertigten Templates die passende Visualisierung auswählen. Angeboten werden u. a. *visual storytelling* oder *interactive presentations*. Unter *Create and customize* wird den Nutzerinnen und Nutzern Folgendes empfohlen:

> Experiment and explore to see what works for you. Try out different fonts, color palettes, and shapes in your designs.
> Add text and audio, choose images and diagrams from the sidebar, or insert video and content directly from the web. (https:-/--/-genial.ly-/-first-steps-/- ; letzter Zugriff Dezember 2023)

Wie bei allen anspruchsvolleren KI-Systemen beruht auch bei diesem Tool die zielführende Nutzung auf Experimentieren und Üben.

2.6 Absehbare Entwicklungen

Es wird zunehmend einfacher, die verschiedenen in diesem Kapitel dargestellten Applikationen zu nutzen. Für den Englischunterricht ist zunächst einmal die problemlose Umsetzung von (mündlicher) Sprache in (geschriebenen) Text und umgekehrt nützlich, die bereits über Microsoft Bing genutzt werden kann. So können Schülerinnen und Schüler in- und außerhalb des Unterrichts ihr Hörverstehen und ihre Aussprache verbessern.

Besonders interessant für Lehrpersonen und die Lernenden ist vor allem die unproblematische Generierung von Bildern und Videos durch mündliche oder schriftliche Prompts. Diese Funktion ist bei Microsoft Bing in Creative Mode inzwischen auch kostenfrei zugänglich.

Ethan Mollick, der den Blog *One Useful Thing* betreibt, ist in den Monaten seit Erscheinen von ChatGPT in kurzen Abständen auf die verschiedensten Anwendungen von KI-Sprachmodellen, aber auch von darüber hinaus gehenden KI-Systemen eingegangen (https:-/--/-www.oneusefulthing.org-/- ; letzter Zugriff Dezember 2023). In einem Blog-Beitrag mit dem Titel *What people ask me most. Also, some answers* beschreibt Mollick (oneusefulthing@substack.com; letzter Zugriff Dezember 2023), wie er vorgegangen ist, um ohne Aufwand von ChatGPT ein Bild generieren zu lassen, welches den wichtigsten Aspekt seines Blog-Posts darstellt. In einer Version, die nur Experten als Test zur Verfügung steht, hat er seinen gesamten Beitrag eingegeben und die KI aufgefordert „to create illustrations that would be good cover art". Dazu brauchte er nicht einmal einen besonderen Prompt zu schreiben; das hat die KI selbst erledigt und ihm ein Bild vorgeschlagen, welches *AI Myths* und *AI Reality* gegenüberstellt. Am Schluss dieses Beitrags geht Mollick auf die Frage ein, was wir von KI in absehbarer Zeit zu erwarten haben: **„The only thing I know for sure is that the AI you are using today is the worst AI you are ever going to use, since we are in for at least one major round of AI advances, and likely many more"** (a.a.O.).

Teil II: Potenziale und Anwendungsmöglichkeiten von KI-Systemen im Englischunterricht

Vorbemerkung

Eine Aufteilung der einzelnen Anwendungen auf verschiedene Bereiche ist nicht einfach, denn jede Nutzung eines Sprachmodells oder eines Bildgenerators in Schule und Unterricht dient letztlich dazu, das Lernen und die Persönlichkeitsentwicklung der Schülerinnen und Schüler voranzubringen. Selbst wenn ich Applikationen vorstelle, die Lehrkräften die Arbeit erleichtern können, sind es im Endeffekt die Lernenden, die davon profitieren. Zudem hängt es maßgeblich vom Prompting ab, welchen konkreten Lern- und Aufgabenbereichen einzelne Generierungen zugeordnet werden können.

Die Kunst des Prompting ist Gegenstand von **Kapitel 3**. Nach Definition und Einführung (**3.1**) werden einschlägige Hilfen für das Abfassen zielführender Prompts vorgestellt (**3.2**). Es folgen Beispiele (Text-Text), die sich für Schule und Unterricht, insbesondere das Lehren und Lernen von Englisch als Fremdsprache, eignen (**3.3**). In Abschnitt **3.4** stelle ich Eingabeaufforderungen für die Bildgenerierung vor, um anschließend (**3.5**) kurz auf den Unterschied zwischen Zero-Shot Prompting und Few-Shot Prompting einzugehen. Den Abschluss bilden Hinweise, wie die Lernenden dazu geführt werden können, für sich sowie die Mitschülerinnen und Mitschüler Prompt-Sammlungen anzulegen (**3.6**).

Im folgenden Kapitel (**Kap. 4)** werden Beispiele für das Leistungsspektrum von KI-Sprachmodellen (LLMs) mit Blick auf den Englischunterricht vorgestellt. Zunächst unterstreiche ich noch einmal das vorrangige Ziel von ChatGPT und weiterer LLMs, nämlich menschenähnliche Dialoge mit den Userinnen und Usern zu führen. Die zahlreichen weiteren Applikationsmöglichkeiten sind der Dialogfunktion nachgeordnet (**4.1**). Eine Möglichkeit, die sich in verschiedenen Lehr- und Lernkontexten nutzen lässt, ist das Verfassen von Kurzgeschichten im Dialog (**4.2**). Lehrpersonen können sich bei der Bildung von Kleingruppen unterstützen lassen. Dabei nennt ChatGPT auch die Orientierung an den Lernstilen der Schülerinnen und Schüler, die im US-amerikanischen Erziehungssystem immer noch Vorrang vor anderen Sichtweisen hat. Ein Folgeprompt trägt zur Klärung bei (**4.3**). Im folgenden Abschnitt (**4.4**) geht es um die Kommunikation zwischen der Lehrkraft und einzelnen Schülerinnen und Schülern. Hier wird der umfangreiche Output von ChatGPT der Generierung von Bing Chat gegenübergestellt. Auch zum Thema ‚Mit Unterrichtsstörungen umgehen' bietet sich eine Fortsetzung des Dialogs mit Blick auf die Rolle von Intuition und Rationalität an (**4.5**). Den Abschluss des Kapitels bildet die Generierung eines Fragebogens zur Nutzung elektronischer Technologien im Unterricht (**4.6**).

In **Kapitel 5** geht es um die konkrete Nutzung der Generierungen von KI-Sprachmodellen am Beispiel von Chat GPT und vergleichbaren KIs im Englischunterricht. Grundsätzlich ist dabei zu bedenken, dass der Output in englischer Sprache in der Regel über dem Niveau der Englischkenntnisse der Lernenden liegen wird und entsprechend angepasst werden muss. Dabei wird auch das Problem angesprochen, dass der Output sich deutlich unterscheidet, je nachdem ob der Prompt auf Englisch oder Deutsch (mit dem Zusatz: schreibe auf Englisch) eingegeben wird. Auch auf die vermeintliche Zeitersparnis für Lehrpersonen durch die Nutzung einer KI gehe ich an dieser Stelle ein (**5.1**). Im folgenden Abschnitt geht es um Generierungen, die dazu beitragen können, die Lernenden auf die Lektüre des Romans Breath von Tim Winton einzustimmen (**5.2**). Weiterhin soll der Bot ein Worksheet erstellen, mit dessen Hilfe die Lernenden ihre Kenntnisse über Schottland (als Vorbereitung auf Amy Macdonalds Song „Caledonia") zusammentragen (**5.3**). Schließlich soll ein von ChatGPT generierter Multiple-Choice Test die Auseinandersetzung mit Vor- und Nachteilen von Kleingruppenarbeit ermöglichen (**5.4**). Es folgen von KIs generierte Vorschläge für eine kurze Nachricht an die Austauschpartnerin oder den Austauschpartner vor einer Studienfahrt nach Boston (**5.5**). Das

Kapitel endet mit einer Auflistung möglicher Prompts, welche die Lehrkräfte in der einen oder anderen Variante erproben können (**5.6**).

Kapitel 6 informiert darüber, wie Lehrkräfte ihre Schülerinnen und Schüler vorzugsweise in englischer Sprache mit KI-Sprachmodellen vertraut machen können. Zunächst geht es um die Grundlagen, insbesondere den Schutz von Kindern und Jugendlichen vor unpassenden oder sogar schädlichen Inhalten (**6.1**). Der folgende Abschnitt enthält einen Vorschlag für eine zielführende und motivierende Einführung anhand der zahlreichen Buchpublikationen, die angeblich gänzlich von einer KI verfasst wurden. Dabei wird u. a. das 2018 erschienene Buch *1 the Road* vorgestellt (**6.2**). Für Schülerinnen und Schüler stellt die Abfassung der Prompts eine besondere Herausforderung dar. Sie sollten nämlich in englischer Sprache abgefasst sein, weil deutsche Prompts mit dem Hinweis ‚Schreib auf Englisch' nicht zu den gleichen Generierungen führen (**6.3**). Im letzten Abschnitt werden neben inhaltlichen Mängeln auch sprachliche Unzulänglichkeiten von KI-Sprachmodellen thematisiert. Zwar können Lernende dem Output Anregungen entnehmen, sind aber gehalten, mit der Zeit auch im Englischen einen eigenen Schreibstil zu entwickeln (**6.4**).

Der kurze Ausblick (**Kap. 7**) untermauert diese Forderung, die in erster Linie an die Lernenden gerichtet ist: It's no longer about writing with the help of AI, it's about improving your own writing because of AI!

Kap. 3 Die Kunst des Prompting

3.1 Definitionen und erste Hinweise

Im Zusammenhang mit KI versteht man unter Prompt die Eingabeaufforderung, genauer: die absichtsbasierte Ergebnisspezifikation. Der Prompt dient also dazu, von einem KI-Sprachmodell oder einer anderen KI-Anwendung den gewünschten Output zu erhalten. ChatGPT gibt folgende Erklärung:

Prompt: What is meant by prompt in the context of ChatGPT?

ChatGPT

In the context of ChatGPT, a "prompt" refers to the input or instruction given to the model to generate a response. It's the message or query that a user provides to initiate a conversation with the model.

For example, if you were to ask "What is the weather today?", the entire question, "What is the weather today?", is the prompt. The model uses this prompt to generate a relevant response.

It's important to note that the quality and relevance of the model's response can be influenced by the clarity, specificity, and context provided in the prompt. A well-formulated prompt is more likely to yield a satisfactory answer from the model.

In der Überschrift zu diesem Kapitel wurde mit Vorbedacht das Wort Prompting anstelle von Prompt gewählt, weil es in der Regel mehrerer Prompts bedarf, bis man ein akzeptables Ergebnis erhält. Im Business-Bereich, beispielsweise der Kundenbetreuung, oder beim Einsatz von KI in der Medizin ist daher meist von Prompt Engineering die Rede. Dem Präsidenten und Mitbegründer von OpenAI Greg Brockman wird folgender Ausspruch zugeschrieben: „Prompt engineering is the art of communicating eloquently to an AI" (vgl. Fitzpatrick 2023, S. 97). Ein einzelner Prompt kann zum

Ziel führen, wenn man ChatGPT als Suchmaschine oder als *Grammar Checker* einsetzt. Das sind aber nicht die vorrangigen Ziele eines auf Dialoge ausgerichteten Chatbots.

E. Mollick, welcher den Blog *One Useful Thing* betreibt, hat sich seit Erscheinen von ChatGPT in Abständen von ca. vierzehn Tagen zu verschiedenen Aspekten von KI-Sprachmodellen und LGAIMs, insbesondere zur Generierung von Bildern, geäußert. In einem Post vom 17. April 2023 geht Mollick, Professor an der Wharton School of the University of Pennsylvania, auf grundlegende Fragen des Prompting ein. Er lehnt das Streben nach dem perfekten Prompt ab, weil es keinen „one-size-fits-all prompt" gibt.

> Instead, engaging in a conversation with the AI and asking questions can lead to better results. To use AI effectively, consider the following strategies:
>
> 1. Focus on tasks you are an expert and collaborate with GPT: Leverage your expertise in a specific domain and use GPT to assist you. This way, you can guide the AI more effectively and achieve better results since you have a solid understanding of the subject.
> 2. Provide context for the AI: When crafting a prompt, include relevant background information to help the AI better understand the context. This will lead to more accurate and useful responses.
> 3. Offer step-by-step directions: Instead of expecting the AI to understand complex tasks with minimal instruction, break down the task into smaller, actionable steps. Providing clear directions will improve the AI's comprehension and performance.
> 4. Iterate with the AI: Don't expect the prefect answer right away. Start with an initial response from the AI, then ask for changes, improvements, or clarifications as needed. This iterative process allows you to fine-tune the AI's response and achieve the desired outcome. (Mollick 2023: https:-/--/-www.oneusefulthing.org-/-p-/-one-sentence ; letzter Zugriff Dezember 2023)

Das Unterrichtsbeispiel (Beispiel 9) *From a good prompt to successful promting* macht die Lernenden mit den Grundlagen der Erstellung von Eingabeaufforderungen vertraut (Download).

Im Frühjahr 2023 hat das Hessische Kultusministerium eine Handreichung zum Umgang mit KI-basierten Anwendungen veröffentlicht. Teil IV enthält einige Praxisbeispiele, u. a. „den Einsatz eines KI-gestützten Textgenerators einer Schülerin zum Erledigen einer Hausaufgabe". Es geht um die Kurzgeschichte „Nachts schlafen die Ratten doch" von Wolfgang Borchert. Das „authentische

Kommunikationsergebnis mit ChatGPT" besteht aus einer Unterredung, bei der die Schülerin zehn Mal interveniert, bis sie das gewünschte Resultat erhält. Dieses Beispiel, das Mollicks Forderungen untermauert, zeigt nicht nur, dass das Prompting Geduld erfordert, sondern auch dass eigenes (Vor-)Wissen über den Gegenstand des Chats unerlässlich ist, wenn man mit einer KI wie ChatGPT in einen Dialog eintreten will (HKM 2023, S. 20-25). Zusätzlich ist zu bedenken, dass man möglicherweise unterschiedlich formulierte Prompts braucht, wenn man dieselbe Aufgabe von verschiedenen KI-Systemen, beispielswiese von ChatGPT und von Bard, bearbeiten lässt.

3.2 Hilfen beim Erstellen zielführender Prompts

Aufgrund der genannten Herausforderungen ist es nicht verwunderlich, dass es eine Reihe von wissenschaftsorientierten Ratgebern sowie zahlreiche Blogposts zum Thema Prompting gibt. Die meisten Publikationen liegen in englischer Sprache vor, beispielsweise Learn Prompting (https:-/--/-learnprompting.org; Learn_Prompt ing-/-docs-/-intro.md ; letzter Zugriff Dezember 2023) oder einen Artikel von OpenAI zu den Praktiken von Prompt Engineering, der Negativbeispiele (*less effective*) und verbesserte Vorschläge (*better*) enthält (https:-/--/-help.openai.com-/- en-/-articles-/-6654000-bes t-practices-for-prompt-engineering-with-openai-api#h_67d8a695f 4; letzter Zugriff Dezember 2023). Auf Deutsch liegen beispielsweise die Hinweise von R. Leitinger vor (https:-/--/-robert-leiting er.com-/-chatgpt-prompts-/- ; letzter Zugriff Dezember 2023). Die Veröffentlichungen beziehen sich jedoch nur selten auf Bildung und Erziehung im schulischen Unterricht. Auch die umfangreichen Listen von Prompt-Beispielen helfen im schulischen Unterricht nur eingeschränkt weiter, besonders wenn man bedenkt, dass nicht nur der Inhalt von Prompts von Bedeutung ist, sondern auch die Wortwahl, die Satzstellung und die Zeichensetzung Einfluss auf die Generierungen haben. Es gilt u. a. Substantivierungen und Passivkonstruktionen zu vermeiden.

In den meisten Fällen geht es also darum, die Aufgabe, die ein KI-Sprachmodell oder eine andere KI-Anwendung übernehmen soll, in mehrere Schritte zu unterteilen. Ein erhellendes Beispiel sind die Ausführungen von B. Whately, der selbst an der Gestaltung einer KI, *TheMemBot*, mitgearbeitet hat. Er möchte ChatGPT eine Kurzgeschichte erstellen lassen. Als er auf einen allgemein gehaltenen Prompt erwartungsgemäß keine zufriedenstellende Generierung erhält, versucht er es mit dem Prompt: *Write an exciting story*. Auch diesmal ist der Output nicht zufriedenstellend, was sein *Principle 1: be very specific in your instructions* bestätigt. Er wendet nun *Principle 2: ask GPT-3 to break its work into small chunks* an. So kann er zeigen, dass sich die Generierungen erheblich verbessern, wenn er eine Aufteilung in Anfang, Hauptteil, Ende vornimmt. Er nimmt dann den Output, den ChatGPT als Einleitung vorschlägt, in einen neuen Prompt auf:

> Prompt: You are writing a story. This is the introduction
> " ... "
> Write the next section of the story, unfolding the core of the plot.

Mit dem Output ist Whately annähernd zufrieden. Nun möchte er eine Generierung zur Klimax und nach erfolgtem Output eine weitere Generierung zum Ende (*the climatic ending*) der Geschichte erhalten. Das Ergebnis ist immer noch weit von einer Kurzgeschichte entfernt, die sich für eine Veröffentlichung eignet. Um seinem Ziel näher zu kommen, lässt Whately die KI eine *Character Description* generieren. Es folgen weitere Versuche, bei denen Whately dem Chatbot auch eigene Beispiele für die Beschreibung von Protagonisten vorgibt. Er schließt seine Ausführungen mit folgenden Feststellungen: "Whether or not this actually leads to a better story, you can see that GPT-3 is making a judgement and making an improvement according to the rules we've given it." Das führt ihn zu *Principle 3: ask GPT-3 to check and improve its own input"* (Whately 2023: www.linkedin.com › pulse › 3-principles-prompt-engineering-gpt ; letzter Zugriff Dezember 2023).

Auch Fitzpatrick und seine Co-Autoren gehen ausführlicher auf das Prompting ein. Die Autoren empfehlen ein Verfahren in vier Schritten PREP (Prompt, Role, Explicit, Parameters). Die einzelnen Schritte sind mehr oder weniger mit den bereits beschriebenen Forderungen identisch. Ich gehe trotzdem ausführlicher darauf ein, weil es in vielen Fällen auf Kleinigkeiten ankommt, damit Nutzer – ich denke insbesondere an Schülerinnen und Schüler – das erwünschte Ergebnis erhalten, welches sie weiterbringt.

> Prompt: Introduce the question with a prompt.
> Examples:
> Create an academic quiz about …
> Read the following text and be prepared to answer questions on it.
> Grade this answer and give reasons for your judgement.
>
> Role: Give it a role or voice.
> Examples:
> You are an experienced teacher who is an expert at creating quizzes that engage and challenge students.
> You are a qualified examiner who grades English exam papers. You are renowned for your impartiality and fair marking.
> You are Atticus Finch, the character from To Kill a Mockingbird. (siehe unten)
>
> Explicit: Be explicit in your instructions.
> Examples:
> Write five questions. Use Bloom's taxonomy to make sure that the questions develop a deeper understanding. Use various question types. Provide answers at the end.
> Respond in a table with three columns. The three columns should be titled …
> Make complex ideas easy to understand.
>
> Parameters: Set the parameters of the answer.
> Examples:
> Write this in 100 words with a reading age of 11 years old.
> Format this with headings, subheadings, and bullet points.
> Write this in British English.
> Write this in a formal and caring tone. (Fitzpatrick u. a. 2023, S. 90-94)

Das durch Arbeitsaufforderungen erweiterte Modell von Fitzpatrick steht als Unterrichtsbeispiel (Beispiel 10) im Download zur Verfügung: *Rules for good prompting.*

Zur Veranschaulichung zitiere ich im Folgenden ein Beispiel, welches sich für den Englischunterricht an Schulen im deutschsprachigen Raum anbietet.

In this example, I want to train the chatbot to become Atticus Finch, the fictional character from Harper Lee's To Kill a Mockingbird. Then my students will ask "him" questions.

Prompt:	I want you to answer questions as a literary character.
Role:	You are Atticus Finch from the book To Kill a Mockingbird by Harper Lee.
Explicit:	Limit your knowledge base to that of Atticus' in the book. Answer all questions as best you can, with deep insight into the characters and themes of the book.
Parameters:	Write in the style that Atticus would speak. (Fitzpatrick u. a. 2023, S. 97-98)

Fitzpatrick und seine Co-Autoren geben die vier zitierten Eingabeaufforderungen bei ChatGPT ein und erhalten folgenden Output:

ChatGPT
I would be honored to answer questions as Atticus Finch, a character I deeply admire from Harper Lee's masterpiece To Kill a Mockingbird. I'll do my best to speak in his style and draw upon his insights and wisdom. (Fitzpatrick u. a. 2023, S. 97)

Fitzpatrick und seine Mitautoren fügen hinzu:

After receiving this response, you can task your students with asking "Atticus" questions. […]
But students should not stop after the PREP output. Teaching students not to blindly accept information produced by AI generative text platforms is the first step to introducing media literacy. (Fitzpatrick u. a. 2023, S. 98)

3.3 Weitere Beispiele für Prompts

Die folgenden Prompting-Beispiele habe ich der Übersicht *125+ Best ChatGPT Prompts for all Kinds of Workflow* von Upanishad Sharma entnommen (https:-/--/-beebom.com-/-best-chatgpt-pro mpts-/- ; letzter Zugriff Dezember 2023).

1. Synonyms' Provider
I want you to act as a synonyms' provider. I will tell you a word, and you will reply to me with a list of synonym alternatives according to my prompt. Provide a max of 10 synonyms per prompt. If I want more synonyms of the word provided, I will reply with the sentence: "More of x" where x is the word that you looked for the synonyms. You will only reply to the word list and nothing else. Words should exist. Do not write explanations. Reply "OK" to confirm.

Dieses Beispiel zeigt, dass man bisweilen Dinge bedenken muss, die einem selbstverständlich erscheinen. Die Einschränkungen ‚nur auf die Wortliste antworten‘ und ‚Die Wörter sollten existieren.‘ machen deutlich, dass man andernfalls Gefahr läuft, wohlklingende Zusatzinformationen und Umschreibungen zu erhalten oder aber, dass der Bot Fakes generiert. Diese könnte man nur ausfindig machen, wenn man die jeweilige Sprache gut beherrscht.

Im Folgenden geht es um ein Interview im Rahmen der Bewerbung um einen Arbeitsplatz:

> **2. Act as an interviewer**
> *I want you to act as an interviewer. I will be the candidate and you will ask me the interview questions for the position of [Insert Position]. I want you to only reply as the interviewer. Do not write all the conservation at once. I want you to only do the interview with me. Ask me the questions and wait for my answers. Do not write explanations. Ask me the questions one by one like an interviewer does and wait for my answers. My first sentence is "Hi"*

Auch hier sind mehrere Hinweise eingefügt, die vermeiden helfen, dass ChatGPT mit vielen (überflüssigen) Formulierungen aufwartet. Bekanntlich beginnt ChatGPT jedes Gespräch mit der Wiederholung von Teilen des Prompts.

> **3. Summarize books into summaries**
> Summarize the book [insert book] by the author [insert author] and give me a list of the most important learnings and insights.

Nach meinem Dafürhalten ist der Prompt nicht ganz korrekt: Es ist bisher nicht möglich, ganze Bücher in ChatGPT auf einmal einzugeben, es sei denn, sie überschreiten eine gewisse Länge nicht. Außerdem wäre die vollständige Eingabe sehr aufwendig. Gemeint ist wohl [Titel des Buches]. Eine Probe zeitigte folgendes Ergebnis:

Prompt: Summarize the book *The Circle* by the author Dave Eggers and give me a list of the most important learnings and insights.

ChatGPT

> "The Circle" by Dave Eggers is a dystopian novel that explores the consequences of a powerful and all-encompassing technology company, also called The Circle, which bears similarities to

real-life tech giants like Google or Facebook. The story revolves around Mae Holland, a young woman who lands a job at The Circle and quickly becomes immersed in its culture.

Summary: Mae starts as a customer service representative but rises through the ranks due to her enthusiasm for The Circle's mission of complete transparency and connectivity. The company advocates for a world where all aspects of life are recorded, shared, and monitored through their technology. This includes personal information, social interactions, and even government activities.

As Mae becomes more deeply involved, she willingly participates in the company's push for absolute surveillance and transparency, even at the expense of privacy and personal boundaries. The Circle's founders, Eamon Bailey and Tom Stenton, promote these ideals as a means to solve societal problems and eliminate corruption.

Mae's relationships with her family, friends, and romantic interests are strained as she becomes increasingly committed to The Circle's vision. Her journey culminates in a pivotal event that exposes the dark side of the company's ambitions.

Key Learnings and Insights:

1. **The Erosion of Privacy**: The book highlights the potential dangers of sacrificing privacy in the name of connectivity and transparency. It prompts readers to consider the balance between sharing and safeguarding personal information.
2. **Technological Utopianism**: "The Circle" portrays a world where technology is viewed as the solution to all problems, illustrating the potential pitfalls of blind faith in technological advancement.
3. **Ethical Dilemmas of Big Tech**: The novel raises ethical questions about the responsibilities of large tech companies and the consequences of their unchecked power.

4. **Social Media Influence:** It underscores the impact of social media on personal relationships, self-esteem, and societal values, emphasizing the need for critical thinking and boundaries in the digital age.
5. **Groupthink and Conformity:** The Circle's corporate culture promotes conformity and discourages dissent, illustrating the dangers of unquestioning loyalty to a single ideology.
6. **Loss of Authenticity:** The novel portrays a world where individuals present curated versions of themselves online, leading to a loss of authenticity and genuine human connection.
7. **Manipulation through Technology:** It explores how technology can be used to manipulate public opinion and control information, highlighting the potential dangers of a hyper-connected society.
8. **Individual Agency:** "The Circle" prompts reflection on the importance of individual agency and the need to question the prevailing norms, even in the face of societal pressure.
9. **The Role of Government:** The book raises questions about the relationship between powerful corporations and government, and the potential implications for democracy and civil liberties.
10. **Dystopian Warning:** Ultimately, "The Circle" serves as a cautionary tale about the potential consequences of unchecked technological progress and the importance of safeguarding fundamental human rights.

These learnings and insights from "The Circle" encourage readers to critically examine the impact of technology on society and the potential consequences of ceding too much power to a single entity.

Um die erdrückende Fülle der Generierung zu mindern, bietet sich ein Folgeprompt an:

Prompt: Which are the three most important key learnings and insights?

ChatGPT

The three most important key learnings and insights from "The Circle" by Dave Eggers are:

1. **Erosion of Privacy:** The novel emphasizes the potential dangers of sacrificing privacy in the pursuit of complete transparency and connectivity. It prompts readers to consider the balance between sharing information and safeguarding personal boundaries.
2. **Technological Utopianism and Ethical Considerations:** "The Circle" portrays a world where technology is viewed as a panacea for societal problems. It raises ethical questions about the responsibilities of large tech companies and the consequences of their unchecked power.
3. **Manipulation through Technology and Loss of Authenticity:** The book highlights how technology can be used to manipulate public opinion and control information. It also underscores the impact of social media on personal relationships and the potential loss of authenticity in a hyper-connected society.

Vergleicht man die erste Generierung mit dem folgenden Output, fällt auf, dass das Tool nun mehrere Aussagen zu einem Aspekt zusammenfasst. Bisweilen ist es besser, keinen Folgeprompt einzugeben, sondern einen neuen Prompt zu starten.

Prompt: Which are the three most important aspects of "The Circle" by Dave Eggers?

ChatGPT

"The Circle" by Dave Eggers explores various themes and ideas related to technology, privacy, and the consequences of a highly connected world. Here are three of the most important aspects of the novel:

1. **Surveillance and Privacy**: One of the central themes of "The Circle" is the idea of constant surveillance and the erosion of privacy in a hyper-connected society. The Circle, a powerful and influential tech company in the novel, advocates for transparency and believes that all information should be accessible to everyone. This leads to the development of technologies that blur the boundaries between public and private life, raising important questions about the implications of such a society.
2. **Technological Utopianism**: The novel also explores the concept of technological utopianism, which is the belief that advanced technology can lead to a perfect society. The Circle promotes the idea that their technologies, such as SeeChange (tiny, high-quality cameras placed everywhere), can solve many of the world's problems by promoting transparency and accountability. However, the novel also critiques this ideology, showing how it can lead to unintended consequences and a loss of individual freedoms.
3. **Ethics and Responsibility**: As the novel progresses, it becomes clear that The Circle's pursuit of total transparency and interconnectedness comes at a cost. The company's leaders and employees often fail to consider the ethical implications of their actions, leading to severe consequences for individuals and society as a whole. This aspect of the novel raises important questions about corporate responsibility, the impact of technology on

society, and the potential dangers of unchecked ambition.

These three aspects form the core of the novel's exploration of the intersection between technology, society, and individual autonomy. "The Circle" serves as a cautionary tale about the potential dangers of a world where privacy is sacrificed in the name of progress and transparency.

Es bietet sich an, fortgeschrittene Schülerinnen und Schüler die beiden 3-Punkte Generierungen vergleichen zu lassen, damit sie sich im Gebrauch von KI-Sprachmodellen üben. Selbstverständlich wäre es am besten, einen solchen Vergleich nach der Lektüre des Romans anstellen zu lassen. Es ist aber auch möglich, den Lernenden obige Inhaltsangabe – gegebenenfalls mit zusätzlichen Erläuterungen durch die Lehrkraft – vorzulegen.

In ähnliche Richtung weist ein Prompting-Vorschlag von J. Schäfer in einem Blogpost mit dem Titel *Prompts für KI – Definition und Beispiele für ChatGPT & Midjourney* vom August 2023. Der Autor schlägt vor, beim Prompting „explorative Fragen" zu stellen.

> Fordern Sie das Modell dazu auf, kreativ zu denken oder alternative Perspektiven zu betrachten, um interessante und vielseitige Antworten zu erhalten.
> Gute Anfrage: „Stellen Sie sich vor, GPT-3 würde in der Bildung eingesetzt. Wie könnte die Interaktion zwischen Schülern und der KI aussehen? Beschreiben Sie mögliche Szenarien."
> Warum es gut ist: Die Anfrage ermutigt das Modell, kreativ zu denken und alternative Perspektiven zu betrachten. Dies kann zu interessanten und vielseitigen Antworten führen.

Eine Erprobung dieses Ratschlags führte zu folgendem Output:

Prompt: Stellen Sie sich vor, GPT-3 würde in der Bildung eingesetzt. Wie könnte die Interaktion zwischen Schülern und der KI aussehen? Beschreiben Sie mögliche Szenarien.

ChatGPT

Der Einsatz von GPT-3 in der Bildung könnte die Art und Weise, wie Schüler lernen und mit Lehrmaterial interagieren, revolutionieren. Hier sind einige mögliche Szenarien für die Interaktion zwischen Schülern und der KI:

1. **Individuelle Nachhilfe und Unterstützung:**
   - Schüler könnten GPT-3 verwenden, um zusätzliche Unterstützung in einem bestimmten Fach zu erhalten. Sie könnten Fragen stellen, Probleme lösen oder Erklärungen zu schwierigen Konzepten erhalten.
2. **Hausaufgaben- und Aufsatzhilfe**:
   - Schüler könnten GPT-3 nutzen, um Anleitungen und Ratschläge zur Fertigstellung ihrer Hausaufgaben oder Essays zu erhalten. Die KI könnte auch bei der Recherche und dem Verfassen von Texten helfen.
3. **Übungsfragen und Quiz**:
   - GPT-3 könnte personalisierte Übungsfragen erstellen, die auf den individuellen Lernbedürfnissen jedes Schülers basieren. Die KI könnte auch Quizfragen stellen, um das Verständnis zu überprüfen.
4. **Sprachunterricht**:
   - GPT-3 könnte Schülern dabei helfen, Fremdsprachen zu lernen, indem es Konversationen führt, Vokabeln erklärt und grammatikalische Fragen beantwortet.
5. **Programmierhilfe**:
   - In Informatik- oder Programmierkursen könnte GPT-3 Schülern helfen, Code zu schreiben, Fehler zu beheben und grundlegende Konzepte zu verstehen.
6. **Interaktive Geschichtenerzählung**:
   - GPT-3 könnte Schülern ermöglichen, kreative Geschichten zu schreiben, indem es Vorschläge für Handlungselemente, Charakterentwicklung und Dialoge liefert.
7. **Wissensabfrage und Konzeptklärung**:
   - Schüler könnten GPT-3 verwenden, um Begriffe zu klären, komplexe Konzepte zu verstehen oder vertieftes Wissen in einem bestimmten Fachbereich zu erlangen.

8. **Korrektur von Aufgaben:**
   - Die KI könnte Aufgaben und Arbeiten von Schülern überprüfen und Feedback zu Grammatik, Struktur und Inhalt geben.
9. **Berufsberatung:**
   - GPT-3 könnte Schülern helfen, Karriereentscheidungen zu treffen, indem es Informationen über verschiedene Berufsfelder, Ausbildungswege und Karrieremöglichkeiten liefert.
10. **Simulierte Prüfungen und Prüfungsvorbereitung:**
    - Die KI könnte maßgeschneiderte Übungstests erstellen, um Schülern bei der Vorbereitung auf Prüfungen zu helfen, indem sie Fragen stellt, Feedback gibt und Schwachstellen identifiziert.

Es ist wichtig zu betonen, dass GPT-3 nicht als Ersatz für Lehrer fungieren sollte, sondern als wertvolles Werkzeug, um das Lernen zu ergänzen und zu bereichern. Lehrer könnten die Fortschritte der Schüler überwachen und sich auf die individuellen Bedürfnisse konzentrieren, während die KI zusätzliche Ressourcen und Unterstützung bietet.

Auch hier bietet sich eine Auswahl an, zu der die Lernenden Stellung nehmen können. In jedem Fall sollte einmal mehr herausgearbeitet werden, dass der Wortreichtum von ChatGPT nicht unbedingt zu einem besseren inhaltlichen Überblick führt.

3.4 Prompting für die Generierung von Bildmaterial

Bevor ich Hinweise zur Erstellung geeigneter Prompts gebe, schicke ich voraus, was Miguel Rebelo an den Anfang seines ausführlichen Blogposts zur Abfassung von „AI art prompts" stellt: „…, AI art generators tend to require more attention in detail – and more attempts – before you get what you're looking for" (https:-/--/-zapier.com-/-blog-/-ai-art-prompts-/-; letzter Zugriff Dezember 2023).

Die Grundstruktur eines KI-Bild-Prompts besteht aus mindestens drei Angaben:

- Als erstes gibt man den Inhalt des gewünschten Outputs an, beispielsweise Spielendes Kind am Strand baut aus Sand eine Burg. Im Zusammenhang mit dem Inhalt können Hinweise erfolgen, wie Personen etwas tun und-/-oder welche Grundstimmung das Bild haben soll (vgl. Beispiel unten).
- Es folgen Hinweise zur Kunst- bzw. Stilrichtung und gegebenenfalls die Nennung eines oder mehrerer Künstler, beispielsweise Foto, möglichst realistisch. Neben der Fotografie bieten sich als Stilrichtungen Malerei, Illustration (beispielsweise Bleistiftzeichnung, Holzkohle-Sketch, Cartoon, Poster), Collage, Skulptur und-/-oder Straßenkunst an.
- Zusätzliche Angaben betreffen im Fall einer Fotografie die Auflösung und die Beleuchtung, gegebenenfalls den Bildausschnitt.

Bei diesen Angaben sollte man nicht vergessen, die einzelnen Angaben durch Kommata zu trennen. Rebelo gibt als sinnvollen Umfang eines Prompts bei Midjourney 60 Wörter und bei Stable Diffusion „unter 380 Zeichen“ an (a. a. O.).

Zu bedenken ist vor allem, dass jedes Tool zur Bildgenerierung die Prompts unterschiedlich auswertet und bei jedem (Folge-) Prompt auch bei derselben KI mit (größeren)Veränderungen zu rechnen ist. Das ist, wie oben dargelegt, ähnlich wie bei KI-Sprachmodellen, die ja auch von Output zu Output dazulernen. Nur: Die Unterschiede bei der Generierung von Bildmaterial sind deutlich größer. Folglich stehen Experimentieren und Üben bei der Bildgenerierung noch stärker im Vordergrund als bei der Generierung von Sprache. In seinem Blogpost stellt Rebelo die Ergebnisse verschiedenster Bildgenerierungen (und weiterführender Aspekte wie beispielsweise die Veränderung bzw. Erweiterung eigener Bilder) vor (vgl. auch De Florio-Hansen 2024a: Visualisieren mit KI. Beispiele für den Unterricht)

Wer auf der Suche nach weiteren Hinweisen zur Erstellung von Bildmaterial mit Hilfe von LGAIMs ist, sollte den ausführlichen Blogpost dieses Experten konsultieren: *How to write effective AI art prompts.* Zielführende Überlegungen können Lehrpersonen auch im Blogpost von Manuel Flick finden: *KI-Bilder im Unterricht: DALL-E 2, Midjourney & Co. im Test.*

Der Nennung von Dall-E 2 kann man entnehmen, dass der Beitrag nicht auf dem neuesten Stand ist (er wurde zuletzt Anfang Mai 2023 aktualisiert). Der Autor zeigt aber, dass viele Bildgenerierungen nicht das gewünschte Ergebnis zeitigen. Einige Tools haben Schwierigkeiten, Menschen beim Händeschütteln, Flicks Hauptbeispiel, zu zeigen (https:-/--/-www.manuelflick.de-/-blog-/-bild-ki; letzter Zugriff Dezember 2023).

3.5 Zero-Shot Prompting und Few-Shot Prompting

Obgleich man im Prompt eine präzise Aufgabe eingibt und festlegt, als was ChatGPT agieren soll, erhält man in aller Regel eine wortreiche Antwort. Dabei nimmt die KI auch Teile des Prompts auf, was den Wortreichtum noch verstärkt. Dann kann man so verfahren, wie oben vorgeschlagen: In einem Folgeprompt fordert man die KI auf, sich auf das Wesentliche zu beschränken. Die bisher vorgestellten Generierungen beruhen auf dem sogenannten Zero-Shot Prompting: Die Nutzerin oder der Nutzer gibt zwar an, worauf sich der Output beziehen soll, nimmt aber keine eigenen Beispiele in den Prompt auf.

Dem steht das sogenannte Few-Shot Prompting gegenüber, bei dem man einem KI-Sprachmodell oder einem Bildgenerator wie Midjourney, eigene Beispiele vorgibt. In einem Blogpost zum Thema *Zero-Shot Prompting and Few-Shot Prompting* schreibt Adrian Tam, dass der User bei letzterem auf eine Instruktion verzichtet und stattdessen eines oder mehrere Beispiele als Prompt eingibt. Er empfiehlt das Few-Shot Prompting für den Fall, dass man nicht beschreiben kann, was man haben möchte, aber trotzdem auf eine Generierung Wert legt (Tam 2023, machinelearningmastery.com › what-are-zero-shot-prompting ; letzter Zugriff Dezember 2023). Ein einfaches Beispiel:

Prompt: The capital of France is Paris. The capital of Great Britain is London. The capital of the United States

ChatGPT

The capital of the United States is Washington, D.C.

Dieses Verfahren lässt sich selbstverständlich nur bei speziellen Aufgaben nutzen. Aus meiner Sicht hat es zwei entscheidende Vorteile: ChatGPT verbalisiert die Aufgabenstellung nicht und begnügt sich mit einer knappen Antwort.

Unterrichtsbeispiel (Beispiel 11) im Download: The difference between Zero-Shot-Prompting und Few-Shot-Prompting

3.6 Prompt-Sammlungen anlegen

Mollick weist daraufhin, dass man früher vor allem Sammlungen von Daten anlegte:

> The previous generations of AI, prior to Large Language Models and ChatGPT, rewarded who ever had the best hoards of data. […] We are used to technology being out of our hands, developed by teams of engineers and delivered to us, ready to accomplish the goal set out by the product's designers. AI does not work that way. In this case, technology precedes use, allowing any of us to decide our own goals for what AI could do. We have a general purpose technology with many possible use cases, almost all of which are completely unanticipated by the AI companies themselves.
> (Mollick 2023, www.oneusefulthing.org › p › now-is-the-time-for-grimoires ; letzter Zugriff Dezember 2023)

Der Autor wundert sich darüber, dass es bisher sehr wenig Sammlungen mit hilfreichen Prompts gibt. Firmen sowie Privatpersonen hätten längst die Gelegenheit wahrnehmen sollen, nützliche Prompts öffentlich zu machen, „in prompt libraries that encode the expertise of their best practices into forms that anyone can use". Er fordert Zauberbücher mit Prompts (*spellbooks of prompts*).

Aus meiner Sicht müssen es nicht gleich Zauberbücher sein, und es ist auch nicht zielführend, wenn ausschließlich Expertinnen und Experten Sammlungen ihrer Prompts einer breiteren Öffentlichkeit zugänglich machen, wie Mollick fordert. Vielmehr sollten sowohl Lehrpersonen als auch Schülerinnen und Schüler die Prompts sammeln, die sich in einem bestimmten Fach, aber auch fächerübergreifend bewährt haben. Dabei bietet sich ein schrittweises Vorgehen an:

- Zunächst stellt die Lehrkraft geeignete Prompts vor und lässt sie von den Lernenden in verschiedenen Zusammenhängen erproben.
- Mit der Zeit sind die Schülerinnen und Schüler aufgefordert, selbst Prompts zu erstellen und zu erproben.
- In Tandems oder in Kleingruppenarbeit besprechen sie miteinander, welche Prompts sich als besonders geeignet für eine bestimmte Zielvorgabe erwiesen haben.
- Bevor sie darangehen, eine Prompting-Sammlung anzulegen, überprüfen sie die Wirksamkeit verschiedener Prompts in unterschiedlichen Zusammenhängen.
- Wenn sie sich - gegebenenfalls mit Hilfe der Lehrperson - einen Überblick verschafft haben, schreiben sie zielführende Prompts sowie die jeweilige Aufgabenstellung in ein gesondertes Heft oder auf Ringbuchblätter. Jede Schülerin und jeder Schüler legt für sich eine solche Sammlung an.
- Von Zeit zu Zeit überprüfen die Lernenden in Gesprächen im Plenum, inwieweit ihre Prompts noch das gewünschte Ergebnis zeitigen beziehungsweise ob sie verbesserungswürdig sind. Ist letzteres der Fall, erarbeiten sie die notwendigen Anpassungen.
- Bei dieser Gelegenheit können sie gegebenenfalls Prompts von Mitschülerinnen und Mitschülern außerhalb ihres Tandems oder ihrer Kleingruppe übernehmen.

Das, was Mollick als letzten Schritt bei Prompting-Sammlungen von Experten fordert, gilt generell auch für Lehrpersonen und ihre Schülerinnen und Schüler.

> **Final Step:** Check your prompt by trying it out, giving it good, bad, and neutral input. Take the perspective of your users – is the AI helpful? Does the process work? How might the AI be more helpful? Does it need more context? Does it need further constraints? (Mollick a. a. O.)

Kap. 4 Zum Leistungsspektrum von KI-Sprachmodellen

4.1 Ziele von LLMs (Large Language Models)

Das vorrangige Ziel von OpenAI und anderer Anbieter von LLMs ist – man kann es nicht genug betonen – die Dialogfunktion. Die Systeme sollen imstande sein, menschenähnliche Dialoge mit uns zu führen. Im Gegensatz zu älteren Sprachmodellen sind die neuen KI-Tools in der Lage, vorangegangene Fragen und Aussagen der Nutzerinnen und Nutzer wieder aufzunehmen und weiterzuverfolgen, vorausgesetzt sie beziehen sich auf denselben Chat. Dies ist inzwischen auch dann möglich, wenn das Gespräch beendet und zu einem späteren Zeitpunkt wieder aufgenommen wird.

Aufgrund der enormen Fülle von Daten, mit denen diese Tools trainiert wurden und werden, haben sich zahlreiche weitere Nutzungsmöglichkeiten ergeben. Der Phantasie sind so gut wie keine Grenzen gesetzt. Zwar sind sie der Generierung menschähnlicher Dialoge nachgeordnet, spielen aber für viele Userinnen und User die Hauptrolle. Warum eine Suchmaschine bemühen, wenn ChatGPT auf meine Fragen eine freundliche Antwort bereithält? Warum einen Schreibassistenten wie Grammar.ly befragen, der ohnehin nur für Englisch zur Verfügung steht, wenn ChatGPT möglicherweise sogar bessere Lösungen vorschlägt?

Hinzukommt die Neigung vieler Nutzerinnen und Nutzer – das gilt auch für Expertinnen und Experten – ein KI-Sprachmodell nach seiner Leistungsfähigkeit zu befragen. Dass ChatGPT aufgrund der zahllosen Anfragen dieser Art inzwischen selbst einräumt, dass das System nicht allwissend ist, ist nicht verwunderlich, da es ja aus jeder Anfrage und der darauffolgenden Generierung lernt. Zudem weist OpenAI auf der Startseite zu ChatGPT selbst auf die wichtigsten Mängel hin. Nicht zielführend ist meines Erachtens auch die häufig anzutreffende Unsitte, das Leistungsspektrum von KI-Sprachmodellen wie ChatGPT dadurch auszutesten und vorzuführen, dass man Prompts eingibt, die keine Nutzerin und kein Nutzer ernsthaft in Erwägung ziehen würden.

Im Folgenden zeige ich einen Ausschnitt aus dem Leistungsspektrum von ChatGPT anhand von Beispielen auf, die im Englischunterricht vorkommen können. Es handelt sich um eine Auswahl, die für Lehrpersonen und Lernende von Nutzen sein kann, aber über gängige Anwendungen hinausgeht. Die meisten Vorschläge stammen aus dem englischen Sprachraum und bieten sich daher für den Englischunterricht an.

4.2 Kurzgeschichten im Dialog mit der KI verfassen

Anstatt ChatGPT die Anweisung zu erteilen, eine spannende Kurzgeschichte zu schreiben (vgl. Kap. 3.2), kann man auf die Dialogfunktion zurückgreifen.

Prompt: Let's make up a story together! You start with the beginning, and I will respond. We can continue the story by taking turns.

ChatGPT

Once upon a time in the small village of Willowbrook, nestled between rolling green hills and a winding river, there lived a young girl named Elara. Elara was known for her insatiable curiosity and a heart full of dreams. She spent her days exploring the woods, imagining grand adventures, and hoping for something extraordinary to happen in her quiet, little world. One crisp morning, as the first light of dawn painted the sky in hues of pink and gold, Elara awoke to a peculiar sound coming from the forest just beyond her bedroom window. It was a melodic hum, soft and inviting, like the secret melody of an ancient forest. Intrigued, Elara slipped on her shoes, threw her coat over her shoulders, and followed the enchanting tune into the woods. What she didn't know was that this would be the beginning of an extraordinary journey that would change the course of her life forever.

Fortgeschrittene Lernerinnen und -lernen können (nachdem sie ein paar unbekannte Vokabeln nachgeschlagen haben), einen eigenen Beitrag anfügen und abwarten, wie der Bot darauf reagiert. Selbstverständlich hätte man von vornherein in den Prompt aufnehmen können, welche Länge die einzelnen Generierungen in etwa haben dürfen und dass der Stil nicht zu anspruchsvoll sein sollte, beispielsweise: Schreibe Deine Beiträge für einen Schüler, der Englisch als Fremdsprache im dritten Jahr lernt.

Prompt: Write your posts for a student who is learning English as a foreign language in the third year.

ChatGPT

> Certainly! I'll keep the language clear and straightforward for a third-year English learner.
>
> Elara was a young girl who lived in a small village called Willowbrook. She loved exploring the woods and had a heart full of dreams. One morning, she heard a special sound coming from the forest near her home. It was a gentle, beautiful melody. Elara quickly put on her shoes and coat, and followed the lovely music into the woods. Little did she know, this would be the start of an amazing adventure that would change her life forever.

Zunächst können die Schülerinnen und Schüler in Tandems oder Viergruppen im Unterricht mit entsprechenden Prompts experimentieren. Ohne Zweifel stellt eine im Dialog mit einem Chatbot verfasste Geschichte eine Hilfe für die Lernenden dar. Zum einen wissen sie häufig nicht, wie sie beginnen können. Zum anderen beflügeln die Generierungen, die ein KI-Sprachmodell für die jeweilige Fortsetzung vorschlägt, in der Regel ihre Phantasie.

Andrerseits können Teile des Outputs den Widerspruch einzelner Lernender hervorrufen. Für solche Fälle sollte die Lehrkraft mit den Schülerinnen und Schülern im Unterricht das Abfassen von Prompts üben, die dem Bot kleine oder größere Änderungen an seinem Output vorschlagen. Wie hat sich die Schülerin oder der Schüler den Fortgang der Story vorgestellt? Je nach Lernstand sollten die Schülerinnen und Schüler zielführende Prompts in ihre Sammlung aufnehmen (vgl. Kap. 3.5).

Je nach Unterrichtszusammenhang kann außerdem die Richtung der Kurzgeschichte von vornherein von der Lehrperson und-/

-oder den Lernenden vorgegeben werden. In jedem Fall sollten die Schülerinnen und Schüler vor dem selbstständigen Verfassen einer Kurzgeschichte „im Dialog“ mit einer KI anhand von Beispielen im Unterricht lernen, was es zu beachten gilt und welches Prompting zum gewünschten Ergebnis beitragen kann.

4.3 Unterstützung bei der Bildung von Kleingruppen

Der folgende Prompt gibt zwar kein Alter und auch kein Thema vor, das in Tandems oder Kleingruppen erarbeitet werden soll, kann aber der Lehrperson, wie die meisten Generierungen von KI-Systemen, als Anregung dienen.

Prompt: I help my students form learning groups. Can you provide me with effective strategies for group formation as well as support in facilitating discussions?

ChatGPT

Certainly! Helping students form effective learning groups and facilitating discussions can greatly enhance their learning experience. Here are some strategies for group formation and tips for facilitating discussions:

Group Formation Strategies:

1. **Diverse Skill Levels and Backgrounds:**
   - Mix students with different skill levels and backgrounds. This fosters a collaborative learning environment where each member can contribute their unique strengths.
2. **Similar Interests or Goals:**
   - Encourage students with similar interests or academic goals to form groups. This will naturally create a shared focus and motivation.
3. **Strengths and Weaknesses:**
   - Consider each student's strengths and weaknesses. Balance groups so that they complement each other and can learn from one another.

4. **Assessment of Learning Styles**:
   - Understand the learning styles of your students (e.g., visual, auditory, kinesthetic) and try to create groups that have a mix of these styles.
5. **Personality Compatibility**:
   - Consider personalities and communication styles. Avoid grouping together individuals who might clash or struggle to communicate effectively.
6. **Regular Rotation**:
   - Rotate groups periodically. This helps students interact with different peers and gain a broader perspective.

Facilitating Discussions:

1. **Set Clear Expectations**:
   - Define the purpose and goals of the discussion. Let students know what is expected of them in terms of participation and contribution.
2. **Establish Ground Rules**:
   - Establish rules for respectful and inclusive communication. Encourage active listening, and ensure everyone has an opportunity to speak.
3. **Provide a Structured Format**:
   - Have a clear agenda or discussion framework. This could include opening questions, specific topics, and a closing summary or reflection.
4. **Encourage Critical Thinking**:
   - Pose open-ended questions that stimulate critical thinking. Encourage students to analyze, evaluate, and synthesize information.
5. **Moderate, Don't Dominate**:
   - Act as a facilitator, not a dominant force. Intervene only when necessary to keep the discussion on track or to encourage quieter participants.
6. **Use Socratic Questioning**:
   - Ask probing questions to guide the discussion and help students arrive at their own conclusions.

7. **Incorporate Technology:**
   - Consider using collaborative tools or platforms for discussions, especially if students are working remotely. This can help facilitate engagement and make it easier to track contributions.
8. **Provide Feedback:**
   - Offer constructive feedback after the discussion. Highlight strengths and areas for improvement to help students enhance their discussion skills.
9. **Reflect and Summarize:**
   - At the end of the discussion, have students reflect on what they've learned and summarize the key takeaways.
10. **Evaluate and Adjust:**
    - Assess the effectiveness of the discussion and adjust your facilitation techniques as needed for future sessions.

Remember, creating a positive and inclusive learning environment is crucial. Encourage students to support one another and celebrate their collective achievements. By implementing these strategies, you can help foster meaningful learning experiences within the groups you form.

Diese Generierung ist aus meiner Sicht vor allem deshalb gelungen, weil der Bot die Strategien zur Bildung von Kleingruppen von Vorgaben zur Strukturierung von Diskussionen trennt. Vermutlich wird keine Lehrperson alle Ratschläge befolgen, sondern das auswählen, was bisher noch nicht hinreichend berücksichtigt wurde und nach ihrer Kenntnis der Lerngruppe die Teamarbeit unter den Lernenden begünstigt. Dennoch bietet es sich an, die Expertise von ChatGPT auf die Probe zu stellen, und zwar im Hinblick auf Punkt 4: *Assessment of Learning Styles.*

Prompt: Recent scientific findings state that there are no fixed learning styles, but that individual learners are quite capable of practicing different learning styles. The prerequisite for this is a diversified set of tasks. Take a position on this statement.

ChatGPT

The statement that recent scientific findings suggest there are no fixed learning styles, but that individuals are capable of practicing different learning styles given a diversified set of tasks aligns with a growing body of research in educational psychology and neuroscience. This perspective challenges the traditional notion that individuals have a fixed, innate learning style (such as visual, auditory, kinesthetic, etc.) that should be catered to exclusively for optimal learning.

Here are a few key points to consider in support of this statement:

1. **Neuroplasticity**: The brain's ability to adapt and rewire itself in response to different experiences and tasks is well-documented. This means that individuals can develop and refine a variety of learning strategies over time.
2. **Individual Variability**: People have unique cognitive profiles, and what works best for one person may not be the most effective approach for another. Flexibility in learning styles allows for customization to an individual's specific strengths and preferences.
3. **Task-Dependent Learning**: Different tasks or subjects may require different approaches to learning. For example, learning a musical instrument may benefit from a kinesthetic approach, while studying history may be more effectively done through reading and analysis.
4. **Context Matters**: The environment and context in which learning occurs can influence the most effective learning style. For example, a lecture-style format may be suitable for certain subjects, while hands-on activities might be more effective for others.

5. **Skill Development**: Encouraging individuals to adapt and practice different learning styles can lead to the development of a broader set of skills. This versatility can be invaluable in a rapidly changing and diverse world.

However, it's important to note that this perspective does not suggest that learning styles are entirely irrelevant. They can still provide useful frameworks for understanding individual preferences and tendencies. The key is to avoid rigidly categorizing individuals into fixed learning style boxes.

In practical terms, educators and learners should aim for a balanced and diversified approach to learning that incorporates various methods and techniques. This could involve a combination of visual aids, auditory cues, hands-on activities, group discussions, and more.

Overall, embracing a dynamic, adaptable approach to learning styles can empower individuals to become more versatile and effective learners in a wide range of situations.

Ein gewisser Widerspruch zwischen beiden Generierungen ist augenfällig. Der Vergleich unterstreicht erneut die Forderung, dass man über hinreichendes Wissen in Bezug auf den Gegenstand verfügen und im Zweifelsfall weitere Quellen zu Rate ziehen sollte.

4.4 Die Kommunikation zwischen Lehrkraft und einzelnen Lernenden verbessern

Wenn man einem KI-Sprachmodell eine weitgefasste Aufgabe stellt, darf man nicht mehr als eine Auflistung akzeptabler Antworten erwarten. So sind die Vorschläge, die ChatGPT als Antwort auf den folgenden Prompt generiert, weitgehend akzeptabel, auch wenn der Bot, wie so oft, zur Ausführlichkeit neigt. Man kann – wie bereits ausgeführt – die Leistungsfähigkeit von KI-Sprachmodellen durch klare Anfragen und Hinweise, in welcher Rolle sie agieren sollen, deutlich verbessern. Das kann auch dadurch geschehen, dass man, wie bei der folgenden Eingabeaufforderung, seine eigene Rolle zu erkennen gibt.

Prompt: I have noticed that some of my students have difficulty approaching me with questions or concerns. Can you suggest effective strategies through which I can improve communication between myself and my students?

ChatGPT

Certainly! Building a strong and open line of communication with your students is crucial for a productive learning environment. Here are some effective strategies to improve communication between you and your students:

1. **Approachability and Friendliness:**
   - Be approachable, welcoming, and maintain a friendly demeanor.
   - Smile and greet students when they enter the classroom.
   - Show genuine interest in their well-being and academic progress.
2. **Active Listening:**
   - Give your full attention when a student is speaking.
   - Avoid interrupting and allow them to express themselves fully.
   - Use non-verbal cues like nodding to show you're engaged.
3. **Open-Ended Questions:**
   - Encourage students to share their thoughts and concerns with open-ended questions.
   - Instead of asking, "Did you understand?" try, "What questions do you have about this?"
4. **Feedback and Encouragement:**
   - Provide constructive feedback and praise when appropriate.
   - Recognize their efforts and improvements, which can boost their confidence.

5. **Regular Check-Ins:**
   - Schedule regular one-on-one or small group meetings to discuss their progress and any concerns.
   - This can create a more comfortable environment for them to ask questions.
6. **Use Multiple Channels:**
   - Besides face-to-face communication, consider using email, messaging platforms, or a learning management system for students to reach out to you.
7. **Anonymous Feedback Options:**
   - Provide a way for students to give feedback anonymously. This can help them express concerns they may be uncomfortable sharing openly.
8. **Set Clear Expectations:**
   - Clearly outline your expectations for behavior, assignments, and participation. This reduces ambiguity and helps students feel more confident in approaching you.
9. **Empathy and Understanding:**
   - Show empathy towards their challenges, whether they are academic, personal, or emotional.
   - Let them know you're there to support them.
10. **Tailor Your Language:**
    - Avoid jargon or technical terms that might be confusing to some students.
    - Explain concepts in a way that is accessible to all levels of understanding.
11. **Conflict Resolution Skills:**
    - Be prepared to handle conflicts in a calm and constructive manner.
    - Focus on finding solutions rather than assigning blame.
12. **Cultural Sensitivity:**
    - Be aware of cultural differences and be sensitive to the diverse backgrounds of your students.

13. **Regular Reflection and Adaptation**:
    - Reflect on your communication style and effectiveness regularly.
    - Be willing to adapt your approach based on the needs and feedback of your students.

Remember, building strong communication takes time and effort. By implementing these strategies, you can create a more inclusive and open learning environment that encourages students to approach you with questions or concerns.

Ohne Zweifel kann auch eine erfahrene Lehrkraft sich mit Hilfe der generierten Aspekte den einen oder anderen Hinweis ins Gedächtnis zurückrufen. Wahrscheinlich wäre es beim eingeschränkten Zeitbudget von Lehrpersonen jedoch sinnvoller, würde der Bot sich kürzer fassen. Deshalb versuchen wir es mit demselben Prompt bei Bing Chat.

Bing Chat
Building a strong rapport with your students is crucial for effective communication. Here are some strategies that can help you improve communication between yourself and your students:

1. **Be an Active Listener**: Actively listen to your students and understand their thoughts and ideas. This will help you develop empathy and assess if they understand what they are being taught[1].
2. **Create a Supportive Environment**: Make sure your students feel their needs are being met and that they can approach you for additional support. Encourage questions and provide extra help when needed[1].
3. **Practice Positive Reinforcement**: Focus on highlighting your students' achievements, no matter how small. This will build their confidence and motivation[1].
4. **Use Visual Stimulation**: Incorporate visual aids into your teaching to nurture creativity and engage your students[1].
5. **Challenge Students with Interesting Work**: Provide stimulating assignments that encourage critical thinking and problem-solving skills[1].

Remember, effective communication is a continuous process, so keep refining your strategies based on the needs of your students.

I hope these suggestions help you foster better communication with your students! 📚✨

Weitere Informationen:

1.community.thriveglobal.com 2. wiserread.com 3. tandfonline.com 4. gse.harvard.edu +2 mehr

Abgesehen davon, dass die Generierung von Bing Chat sich auf wesentliche Punkte beschränkt, besteht zum Output von ChatGPT ein entscheidender Unterschied: Bing Chat weist auch auf die Unterrichtsgestaltung hin: Ein interessant gestalteter Unterricht, der auch Visualisierungen einbezieht, trägt danach zur Verbesserung der Lehrer-Schüler-Kommunikation bei. Fragen wir bei Bing Chat einmal nach:

Prompt: In what ways do visualization, stimulating tasks, and critical thinking help improve communication between teachers and individual students?

Bing Chat
Visualization, stimulating tasks, and critical thinking are powerful tools that can enhance communication between teachers and individual students in several ways. Here are some key benefits:

1. **Visualization**: Visual aids such as diagrams, charts, and infographics can help teachers present complex information in a more accessible and engaging manner. Visuals can facilitate understanding, improve memory retention, and promote active participation in the learning process[1].
2. **Stimulating Tasks**: Engaging students in hands-on activities and interactive exercises can foster active learning and encourage students to think critically. By providing real-world examples and practical applications, stimulating tasks can help students connect theoretical concepts with their everyday lives[2].

3. **Critical Thinking**: Encouraging critical thinking skills can empower students to analyze information, evaluate evidence, and develop independent thought processes. By posing thought-provoking questions and promoting open discussions, teachers can create an environment that nurtures intellectual curiosity and encourages students to express their ideas confidently[3].

By incorporating visualization techniques, stimulating tasks, and critical thinking exercises into their teaching practices, teachers can establish a more dynamic and inclusive learning environment that promotes effective communication between themselves and individual students.

Please note that these are general benefits, and the specific impact may vary depending on the teaching context and individual student needs.
[!NOTE] This response is based on general knowledge. For more specific insights or research-based evidence, I recommend referring to academic journals or educational resources.

Weitere Informationen:

1. link.springer.com 2. oecd.org 3. readingrockets.org 4. link.springer.com 5. link.springer.com +2 mehr

Die Generierungen, sowohl die von ChatGPT als auch die von Bing Chat, gehen nur am Rande darauf ein, wie Lehrkräfte ihre Kommunikation mit einzelnen Schülerinnen und Schülern verbessern können. Interessant bei der letzten Generierung ist vor allem der Hinweis, man möge die Fachliteratur konsultieren, wenn man nach wissenschaftlichen Erkenntnissen zur genannten Fragestellung sucht. Diesen Rat sollte man bei allen Generierungen von KI-Sprachmodellen und weiterführenden generativen Systemen beherzigen. Sie bieten Anregungen: nicht mehr und nicht weniger!

4.5 Mit Unterrichtsstörungen umgehen

Es steht außer Frage, dass KI-Systeme Vorschläge machen, wie Lehrpersonen mit Unterrichtsstörungen umgehen können. Da die Gründe für das Störverhalten einzelner Schülerinnen und Schüler der Lehrkraft meist nicht bekannt sind, gibt es eine ganze Bandbreite von Ratschlägen.

Prompt: In my class, there are two students who are frequently disruptive and distract their classmates. They often talk loudly, pass notes, and thus disrupt the class. Can you help me find approaches, methods, or frameworks that I can use to effectively solve the problem?

ChatGPT

Dealing with disruptive students can be a challenging aspect of teaching, but it's important to address the issue in a constructive and effective manner. Here are some approaches, methods, and frameworks you can use to handle this situation:

1. **Establish Clear Expectations:**
   - Set clear and specific classroom rules and expectations from the beginning of the school year.
   - Ensure that students understand what behavior is acceptable and what is not.
2. **Positive Reinforcement:**
   - Recognize and praise good behavior. This can be in the form of verbal praise, small rewards, or positive notes home.
3. **Use Proximity and Non-Verbal Cues:**
   - Stand near the disruptive students during class to monitor their behavior.
   - Use non-verbal cues like eye contact, gestures, or a gentle touch on the shoulder to redirect their attention.
4. **Provide Engaging Lessons:**
   - Create lessons that are interesting and interactive to keep students engaged.

- Incorporate different teaching methods to cater to various learning styles.

5. **Individual Conferences**:
   - Have private conversations with the disruptive students to understand their perspective and discuss their behavior.
   - Listen actively and express concern, while also setting clear expectations for improvement.
6. **Offer Choices and Autonomy**:
   - Provide students with some level of autonomy and choices in their learning, which can help them feel more invested in the class.
7. **Use Behavior Contracts**:
   - Create a written agreement outlining specific behaviors that need to be addressed, consequences for not meeting them, and rewards for improvement.
8. **Implement a Token or Reward System**:
   - Use a token system where students can earn points or rewards for positive behavior, which can be exchanged for privileges or small prizes.
9. **Involve Parents and Guardians**:
   - Communicate regularly with parents about their child's behavior and involve them in finding solutions.
10. **Collaborate with Support Staff**:
    - Work with school counselors, special education teachers, or behavior specialists for additional strategies and support.
11. **Implement Restorative Practices**:
    - Encourage dialogue and problem-solving between the disruptive students and those affected by their behavior.
12. **Provide Clear Consequences**:
    - Clearly communicate consequences for disruptive behavior and ensure they are consistently enforced.

13. **Document Incidents:**
    - Keep a record of disruptive incidents, including date, time, behavior, and any actions taken. This can be useful for tracking patterns and providing evidence if needed.
14. **Seek Professional Development:**
    - Attend workshops or training sessions on classroom management and behavior intervention techniques.

Remember that consistency, empathy, and patience are key when dealing with disruptive behavior. It may take time for changes to occur, so be persistent and continue to reinforce positive behavior. If necessary, seek advice or support from your school's administration or behavior specialists.

In dieser ausführlichen Generierung kommt nicht zur Sprache, dass Lehrkräfte bei der Reaktion auf Unterrichtsstörungen weitgehend auf ihre Intuition angewiesen sind. In der konkreten Situation bleibt keine Zeit, über mögliche Reaktionen nachzudenken. Die Lehrperson muss intuitiv entscheiden. In meiner Publikation zu *Intuition im Unterricht* zeige ich, dass der Umgang mit unvorhersehbaren Situationen eine ganze Bandbreite von Reaktionen ermöglicht (De Florio-Hansen 2023). Die intuitive Wahl beruht meist auf der vorausgegangenen Berufserfahrung. In jedem Fall sollte die Lehrkraft ihre(n) Lösung(sversuch) im Nachhinein einer rationalen Überprüfung unterziehen, am besten im Gespräch mit den Schülerinnen und Schülern. Bei den zahlreichen Punkten, die ChatGPT im obigen Output vorschlägt, spielen solche Aspekte keine Rolle. Ein Folgeprompt bietet sich an.

Prompt: What is the role of the teacher's intuition and rationality in the possible solutions you have given?

ChatGPT

The teacher's intuition and rationality play crucial roles in implementing the possible solutions provided. Here's how:

1. **Intuition:**
   - **Observation and Insight**: Intuition involves the teacher's ability to keenly observe students and pick up on subtle cues or patterns in behavior. This can help in identifying underlying issues or emotions that may be contributing to disruptive behavior.
   - **Empathy and Understanding**: Intuition allows a teacher to empathize with students, understanding that disruptive behavior may stem from various sources such as boredom, frustration, personal struggles, or even unmet needs. This empathy can guide how the teacher approaches and supports these students.
   - **Instinctive Responses**: Intuition can lead a teacher to make spontaneous decisions based on their deep understanding of the class dynamics and individual students. For example, a teacher's gut feeling might prompt them to have a private conversation with a student or to modify a lesson plan on the spot.
2. Rationality:
   - **Strategic Planning**: Rationality involves the ability to think logically and strategically. Teachers need to weigh the pros and cons of different approaches, considering what is most likely to be effective in a given situation.
   - **Data-Driven Decision Making**: Rationality is essential for analyzing data and keeping records of incidents. This data-driven approach helps the teacher to objectively assess the effectiveness of different strategies and make informed adjustments.
   - **Consistency and Fairness**: Rational thinking helps ensure that consequences and rewards are applied consistently and fairly. It prevents impulsive or biased decision-making, promoting a sense of equity in the classroom.
   - **Critical Reflection**: Rationality encourages the teacher to critically reflect on their own teaching

methods and consider alternative strategies or adjustments that may be necessary.

- **Long-Term Planning:** Rational thinking is important for developing long-term strategies to address disruptive behavior. It involves considering the overall goals for the class and individual students, and how to best support their growth and development.

In summary, intuition allows the teacher to tap into their deeper understanding and emotional intelligence, while rationality provides the framework for making well-thought-out decisions based on logic, data, and strategic planning. A balance of both is essential for effective classroom management and addressing disruptive behavior in a holistic and constructive manner.

Dies ist ein weiteres Beispiel dafür, dass KI-Sprachmodelle Lösungsvorschläge generieren, die meist nicht falsch sind, aber das Problem nicht im Kern treffen. Das gilt insbesondere für ChatGPT, aber auch für die anderen in Kapitel 2 vorgestellten LLMs. Wortreichtum geht oft nicht mit inhaltlicher Substanz einher. Die Generierungen bieten Lehrkräften (abgesehen vom Inhalt) Gelegenheit, von einer KI generierte Texte als solche zu erkennen. Auch Schülerinnen und Schüler, insbesondere fortgeschrittene Lernende, können mit der Zeit lernen, von einer KI fabrizierte Generierungen von Texten zu unterscheiden, die von Menschen verfasst wurden.

Als Beispiele können die Ausführungen von Cornelsen (https:-/--/-www.cornelsen.de-/-magazin-/-beitraege-/-unterrichtsstoerungen-sofortmassnahmen-tipps-/- ; letzter Zugriff Dezember 2023) oder die des Betzold Blogs dienen (https:-/--/-www.betzold.de-/-blog-/-classroom-management-unterrichtsstoerungen-vermeiden-/- ; letzter Zugriff Dezember 2023).

4.6 CLIL: Measuring your media

B. Klewitz stellt Schülerinnen und Schülern im bilingualen Unterricht in der Fremdsprache Englisch die Frage: Electronic devices –

curse or blessing? (Klewitz 2021, S. 309 ff.). Im Rahmen des Moduls schlägt er u. a. vor: *Create a survey about electronic devices in your class. Work out a questionnaire …* . Was geschieht, wenn wir ChatGPT mit dieser Aufgabe beauftragen?

Im Download steht ein Unterrichtsbeispiel (Beispiel 12) mit entsprechenden Aktivitäten zur Verfügung: *How to create a survey about your use of electronic devices.*

Prompt: Create a survey about electronic devices in your class. Work out a questionnaire.

ChatGPT

Sure! Here's a survey questionnaire about electronic devices that you can use in your class:

Survey Title: Electronic Devices Usage in Our Class

Introduction: This survey aims to gather information about the electronic devices used by students in our class. Your participation is voluntary, and all responses will remain confidential. Please answer the following questions honestly.

1. Personal Information:

- Name (Optional):
- Grade-/-Class:

2. Do you own a smartphone or mobile device?

- Yes
- No

3. If you own a smartphone or mobile device, what brand and model do you use? (e.g., iPhone 12, Samsung Galaxy S21, etc.)

4. How often do you use your smartphone or mobile device during class hours?

- Rarely
- Sometimes
- Frequently

- Always

5. What do you primarily use your smartphone or mobile device for during class? (Check all that apply)

- Taking notes
- Checking notifications
- Browsing the internet
- Texting or messaging
- Playing games
- Other (please specify):

6. Do you bring a laptop or tablet to class for academic purposes?

- Yes
- No

7. If you bring a laptop or tablet, what do you primarily use it for during class? (Check all that apply)

- Taking notes
- Researching
- Accessing course materials
- Communicating with classmates or instructors
- Other (please specify):

8. How often do you feel that electronic devices (smartphones, laptops, tablets, etc.) distract you from focusing on class activities or lectures?

- Rarely
- Sometimes
- Frequently
- Always

9. Have you ever used electronic devices for collaborative activities or group projects in class?

- Yes
- No

10. Do you have any suggestions or ideas on how electronic devices could be better integrated into our class activities?

11. Additional Comments or Feedback (Optional):

Feel free to use or modify this survey as needed for your class. If you have any specific topics or questions you'd like to add, feel free to let me know!

Auch hier gilt der mehrmals vorgebrachte Rat: Am besten gestalten die Lernenden in Tandems oder Kleingruppen einen entsprechenden Fragebogen und vergleichen ihn im Nachhinein mit der Generierung von ChatGPT.

Kap. 5 Möglichkeiten der Anwendung im Englischunterricht

5.1 Voraussetzungen für die unterrichtliche Nutzung durch Lehrpersonen und Lernende

Wie bereits erwähnt, wurden und werden ChatGPT und andere KI-Sprachmodelle mit englischsprachigen Daten (Internet, Wikipedia, Bücher, weitere ausgewählte Texte) trainiert. Daher ist der Output in Englisch auf hohem sprachlichem Niveau. Bevor man im Englischunterricht auf KI-Systeme zurückgreift, sollten die Lernenden erfahren, dass die sprachliche Form der Genierungen ihnen in aller Regel als Vorbild dienen kann. In den meisten Fällen wird der Output aber weit über dem sprachlichen Niveau liegen, den auch fortgeschrittene Schülerinnen und Schüler in der Fremdsprache Englisch erreichen.

Gleich zu Beginn der Nutzung eines KI-Sprachmodells sollte die Lehrkraft ihre Lernenden über diesen Sachverhalt informieren. Andernfalls würden die Schülerinnen und Schüler sich zu leicht entmutigen lassen. Viele würden auf Generierungen in englischer Sprache verzichten und sich mit Übersetzungen aus dem Deutschen begnügen. Damit nicht genug: Die Lernenden müssen im Rahmen der Einführung in die Nutzung englischsprachiger Chatbots und weiterer generativer Systeme damit vertraut gemacht werden, wie sie eine KI an ihr sprachliches Niveau in der Fremdsprache anpassen können (vgl. Kap. 6). Beim Erstellen von Prompts im Unterricht sollten sie erfahren und erproben, mit Hilfe welcher Eingabeaufforderungen sie eine Generierung erreichen können, die ihrem sprachlichen Niveau nahekommt. Dazu bieten sich u. a. folgende Prompts an:

Please make these suggestions-/-the last paragraph-/-the guiding questions simpler.

Adapt the wording to the level of a student learning English as a foreign language in the 3rd year.

Da insbesondere die Generierungen von ChatGPT auch in englischer Sprache meist wortreich und weitschweifig sind, sollten Schülerinnen und Schüler wissen, wie sie den Bot auffordern können, sich kürzer zu fassen:

Please be shorter. List only the three most important aspects.

Sollte die Lehrkraft früher oder später feststellen, dass einzelne Lernende ihre Prompts auf Deutsch eingeben und eine Übertragung ins Englische anfordern, sollte sie ihnen erklären, dass die sprachliche (und bisweilen auch die inhaltliche) Qualität des Outputs durch das Hin- und Herübersetzen in aller Regel leidet oder aber andere Gesichtspunkte genannt werden. Gegebenenfalls kann sie ihnen anhand eines geeigneten Beispiels, bei dem die Lernenden über den Inhalt gut informiert sind, zeigen, dass sich die Generierungen unterscheiden. Als Beispiel habe ich die folgenden Prompts eingegeben.

Worin unterscheidet sich das Schulsystem der USA von dem in Deutschland? Nenne die wichtigsten Unterschiede. Antworte auf Englisch.

What are the differences between the school system in the USA and the German school system? List the most important differences.

In beiden Fällen wurden acht Punkte benannt; sie unterscheiden sich jedoch, ohne dass man genau sagen könnte, warum. So geht die englischsprachige Generierung (neben anderen Unterschieden) auf *School Funding and Administration* und *Role of parents* ein, die in der Generierung auf den deutschen Prompt nicht thematisiert werden.

Die Tatsache, dass der Output in englischer Sprache ein höheres Niveau hat als die Generierungen in anderen Sprachen, die ja auf Übersetzungen ins und aus dem Englischen beruhen, darf nicht über die mehrfach angesprochenen inhaltlichen Mängel hinwegtäuschen.

Diese treten in englischsprachigen Generierungen genauso auf wie in anderen Sprachen. Da die Lernenden eine KI im Englischunterricht vor allem nutzen, um ihre Sprachkenntnisse zu verbessern, können sie jedoch von den meisten Anwendungen profitieren.

Immer wieder wird darauf hingewiesen, dass die Nutzung von KI-Systemen Lehrpersonen bei der Vorbereitung und der Durchführung von Unterricht hilft, Zeit zu sparen, die sie für wichtigere Aufgaben nutzen können. Doch selbst wenn es sich um eine Unterstützung bei Routineaufgaben handelt, muss die Lehrkraft den Output der KI kritisch prüfen. Dient die Generierung als Ausgangspunkt und Anregung, sind zahlreiche Anpassungen unabdingbar, um Individualität, Kreativität und Emotionalität der Lehrkraft sowie der Schülerinnen und Schüler hinreichend zu berücksichtigen. Gerade bei Generierungen in englischer Sprache ist das Schulsystem englischsprachiger Länder, vor allem der USA, der Bezugspunkt, auch wenn dies meist nicht offen zu Tage tritt. Kein Chatbot kann den jeweiligen Lernkontext sowie die Schüler-Lehrer-Beziehung, die insbesondere beim Feedback zum Tragen kommt, auch nur annähernd berücksichtigen.

Selbstverständlich kann eine KI Lehrkräfte bei der Bewertung von Schülerleistungen unterstützen. Das gilt insbesondere im Englischunterricht. Manchmal sind sich Lehrpersonen nicht sicher, ob eine Formulierung, die eine Schülerin oder ein Schüler gewählt hat, von Muttersprachlern des Englischen toleriert würde oder nicht. Dann kann eine Anfrage bei ChatGPT oder bei Bard weiterhelfen. Die Bewertung von Klassenarbeiten durch ein KI-Sprachmodell ist aber nur in Ausnahmefällen möglich und sicher nicht mit einer Zeitersparnis verbunden. Bei derartigen Vorschlägen gehen englischsprachige Studien meist von schriftlichen Leistungen im Hochschulbereich aus, welche die Studierenden in digitalisierter Form einreichen. Bei uns liegen Klassenarbeiten im schulischen Englischunterricht jedoch in aller Regel nur in handschriftlicher Form vor. Die Englischlehrkraft müsste die Texte der Lernenden in einen oder mehrere Prompts einfügen, um sie von einer KI korrigieren und bewerten zu lassen. Der Zeitaufwand wäre in keiner Weise zu rechtfertigen. Außerdem sprechen Datenschutz und Urheberrecht gegen ein solches Vorgehen. Die Lehrkraft muss sicherstellen können, dass der Input nicht mit einem bestimmten Lernenden in Verbindung gebracht werden kann und nach der Durchsicht und Korrektur vom System gelöscht wird. Das ist beispielsweise bei ChatGPT nicht möglich, da sich OpenAI über die E-Mail-Adresse, die jeder Nutzer angeben muss, Zugang zu den Daten verschaffen kann.

5.2 Die Lernenden auf die Lektüre des Romans *Breath* von T. Winton einstimmen

Ein Englischlehrer plant die Lektüre von Tim Wintons Roman *Breath* in der 10. Klasse einer Gesamtschule. Die Schülerinnen und Schüler lernen Englisch im sechsten Jahr. Nun sucht er nach Anregungen, wie er die Lernenden auf Wintons Roman einstimmen kann. Wie kann er das Interesse seiner Schülerinnen und Schüler wecken? Er ist sich dessen bewusst, dass das Ambiente, eine ländliche Gegend in West Australien, von den in einer deutschen Großstadt aufgewachsenen Jugendlichen weit entfernt ist. Ebenso groß, wenn nicht noch größer, ist der Abstand zu der Sportart, die im Mittelpunkt des 2008 erschienenen Romans steht, dem Surfen. Vermutlich hat der eine oder andere Lernende im Urlaub schon einmal Touristen beim Wellenreiten zugesehen. In Wintons Roman beherrscht die Auseinandersetzung mit den Freuden und Gefahren des Surfens jedoch nicht nur die Jugend, sondern auch weite Teile Lebens der Protagonisten.

Der Lehrer, der bereits umfängliche Erfahrungen mit KI-Sprachmodellen gesammelt hat, weiß aus Erfahrung, dass man nur in Ausnahmefällen einen Output erhält, den man weitgehend unverändert im Unterricht nutzen kann. Er versucht es trotzdem, vor allem auch, weil der Zugang zu ChatGPT denkbar einfach ist und die Generierungen in Sekundenschnelle erfolgen, er also nicht viel Zeit damit versäumt.

Prompt: I would like to read the novel 'Breath' by Tim Winton with my students. They are learning English as a foreign language in the sixth year. We live in a big city, and the most the students have come into contact with surfing is on vacation. How can I get them interested in a rural area like Western Australia, where surfing is part of everyday culture? Please make concrete suggestions.

ChatGPT

Introducing your students to the novel "Breath" by Tim Winton and immersing them in the culture of Western Australia can be an enriching experience. Here are some concrete suggestions to get them interested:

1. **Visuals and Multimedia:**
   - Show them images and videos of Western Australia's coastal landscapes, surf culture, and rural communities. This will give them a visual context for the novel.
   - Share clips of surfing competitions or documentaries about surfing in Australia. This can help them understand the significance of surfing in the culture.
2. **Cultural Exchange:**
   - Organize a virtual or pen-pal exchange with students from Western Australia. This will allow your students to interact with peers who live in the region and learn firsthand about their experiences.
3. **Guest Speaker:**
   - Invite a guest speaker, if possible, who is from Western Australia or has experience with the surf culture there. They can share personal stories and insights about life in the region.
4. **Language Exercises:**
   - Incorporate surf-related vocabulary and expressions into your English lessons. This could include terms like "waves," "surfboard," "beach break," and so on.
5. **Creative Writing:**
   - Encourage your students to write short stories or essays about their own experiences or imagined adventures related to surfing or coastal life. This can help them connect personally to the themes in the novel.

6. **Research Projects:**
   - Assign small groups of students to research different aspects of Western Australia, such as its geography, history, and cultural traditions. They can then present their findings to the class.
7. **Field Trip or Virtual Tour:**
   - If possible, consider organizing a field trip to a local beach or surf-themed exhibit. If physical travel is not feasible, a virtual tour of a surf museum or a coastal area could be an alternative.
8. **Music and Arts:**
   - Introduce them to music, films, or artwork that originates from or is inspired by Western Australia. This can help evoke the atmosphere and culture of the region.
9. **Discussion Questions:**
   - Encourage critical thinking by asking questions about the novel's themes, such as risk-taking, personal growth, and the relationship between humans and nature.
10. **Culinary Experience:**
    - Arrange a class activity where students try making or tasting dishes that are popular in Western Australia. This can be an engaging way to explore the local culture.

Remember to create an open and inclusive environment where students feel comfortable sharing their thoughts and questions about the novel and the cultural context. By making the learning experience interactive and multi-dimensional, you can help them connect with the material on a deeper level.

Im Prinzip liefert die Generierung Vorschläge, an die der Lehrer längst selbst gedacht hat. Anregend findet er den Hinweis, seine Schülerinnen und Schüler kurze Erzählungen schreiben zu lassen, die im Ambiente des Romans angesiedelt sind. Das hält er aber erst dann für sinnvoll, wenn sie den Roman bereits kennen oder zumindest mit der Lektüre soweit fortgeschritten sind, dass sie sich ein Bild von der Landschaft, dem Leben dort und der Bedeutung des Surfens machen konnten. Ihm fällt auf, dass er in seinem Prompt nicht hinreichend deutlich gemacht hat, dass er Anregungen für eine einführende Vorstellung des Romans haben möchte. Er entschließt sich zu einem Folgeprompt.

Prompt: First of all, I need suggestions on how to get students in the mood for reading the novel 'Breath'. How can I arouse their interest before they start reading the novel by T. Winton?

ChatGPT

To pique your students' interest in reading "Breath" by Tim Winton, it's important to create an engaging and immersive experience. Here are some strategies to get them in the mood for the novel:

1. **Introduction to Western Australia:**
   - Begin by showing them captivating images and videos of Western Australia's stunning coastal landscapes, rugged terrain, and vibrant surf culture. Highlight the unique features of the region.
2. **Surfing Videos and Clips:**
   - Share short videos showcasing surfers riding waves in Western Australia. This can help them visualize the setting and get a sense of the thrill and lifestyle associated with surfing.
3. **Discussion of Surfing Culture:**
   - Engage your students in a class discussion about their perceptions and experiences with surfing. Encourage them to share any prior knowledge or experiences they have had with the sport, even if it's from vacations.
4. **Surfing Terminology:**
   - Introduce them to basic surfing terminology such as "break," "swell," "barrel," and "wipeout." This will familiarize them with the language used in the novel.

5. **Character Insights:**
    - Provide brief character profiles or snippets from the novel to give them a taste of the personalities and dynamics they'll encounter. This can generate curiosity about the characters and their journeys.
6. **Quotes and Excerpts:**
    - Select intriguing quotes or short excerpts from the novel that capture its essence. Discuss these with the class to give them a glimpse into the writing style and themes.
7. **Creative Visualization:**
    - Ask students to close their eyes and imagine themselves on a secluded beach in Western Australia, with the sound of crashing waves and the smell of salt in the air. Encourage them to visualize the setting described in the novel.
8. **Incorporate Music:**
    - Play music that is associated with surfing or evokes a coastal atmosphere. This can help create a sensory experience and transport them to the novel's setting.
9. **Group Activity: Surfing Diorama:**
    - Have students work in small groups to create a diorama representing a scene from the novel, complete with miniature surfboards, waves, and coastal elements. This hands-on activity can spark excitement and creativity.
10. **Author Background:**
    - Provide a brief overview of Tim Winton's background, including his connection to Western Australia and his reputation as a prominent Australian writer. This can give them context about the author's perspective.

Remember to create an open and enthusiastic atmosphere, and encourage students to ask questions and share their thoughts. By immersing them in the world of "Breath" before they start reading, you'll set the stage for a more meaningful and enjoyable reading experience.

Die verschiedenen Generierungen, die er von KI-Sprachmodellen oder anderen generativen Systemen erhält, dienen ihm meist als Gedächtnisstütze. So auch in diesem Fall. Nun möchte er noch testen, ob ChatGPT inzwischen auch Zitate aus literarischen Werken parat hat. Er könnte ein bis zwei aussagekräftige Passagen aus Wintons Roman gut für seine Einführung brauchen. Er macht die Probe aufs Exempel.

Prompt: Please cite two to three characteristic passages from Winton's novel 'Breath' that I can use as an introduction to the reading.

ChatGPT

I'm sorry for any misunderstanding, but I'm unable to provide verbatim excerpts from copyrighted texts, including specific passages from Tim Winton's novel "Breath." However, I can offer a brief summary or analysis of the novel if that would be helpful. Let me know if you'd like me to do that!

Der Lehrer könnte es nun mit einer anderen KI versuchen. Er kennt aber einen einfacheren Weg. Es konsultiert *Goodreads*, die Empfehlungsseite von Amazon, wo er aus 23 Zitaten das folgende auswählt, das er für die Lernenden entsprechend kommentieren wird.

> I will always remember my first wave this morning. The smells of paraffin wax and brine and peppy scrub. The way the swell rose beneath me like a body drawing to air. How the wave drew me forward and I sprang to my feet, skating with the wind of momentum in my ears. I leant across the wall of upstanding water and the board came with me as though it was part of my body and mind. The blur of spray. The billion shards of light. I remember the solitary watching figure on the beach and the flash of Loonies's smile as I flew by; I was intoxicated. And though I've lived to be an old man with my own share of happiness for all the mess I made, I still judge every joyous moment, every victory and revelation against those few seconds of living. (Winton 2008, https:-/--/-www.goodreads.com-/-work-/-quotes-/-1405064-breath ; letzter Zugriff Dezember 2023)

5.3 Grundlegende Kenntnisse über Schottland als Einführung zu Amy MacDonalds Song „Caledonia“ (Worksheet)

Bernd Klewitz nimmt den Song „Caldonia“ von Amy Macdonald zum Ausgangspunkt für eine kürzere Unterrichtseinheit, die in die Erstellung eines Podcast (Klewitz 2022, S. 324 ff.) mündet. Die Unterrichtseinheit umfasst drei Arbeitsblätter. Im Rahmen des ersten Worksheet sollen die Schülerinnen und Schüler in Tandems in einer Art Brainstorming die Wörter und Begriffe sammeln, die ihnen im Zusammenhang mit Schottland einfallen. Dabei können sie sich auch mit weiteren Klassenkameradinnen und -kameraden austauschen. Dazu stellt Klewitz den Lernenden im Rahmen des Arbeitsblatts eine *Word bank* mit entsprechendem Scaffolding zur Verfügung. Schließlich sollen die Schülerinnen und Schüler eine Liste ihrer *Top Ten of Scotland* erstellen, über die sie anschließend im Plenum diskutieren.

Nun möchte eine Lehrperson, die sich an der Publikation von B. Klewitz orientiert, das kurz beschriebene Worksheet mit einer entsprechenden Generierung von ChatGPT vergleichen. Die Lehrerin möchte sehen, welche Übereinstimmungen und vor allem welche Unterschiede zwischen dem von einer erfahrenen Lehrperson erstellten Arbeitsblatt und dem von einem KI-Sprachmodell generierten Worksheet bestehen. Die Erstellung eines geeigneten Prompts stellt eine Herausforderung dar: Zum einen soll die Eingabeaufforderung nicht zu nah am Vorschlag von B. Klewitz sein, zum anderen müssen alle entscheidenden Details in den Prompt aufgenommen werden.

Es ist nicht das erste Mal, dass sich die Lehrkraft ein Arbeitsblatt von einem KI-Sprachmodell vorschlagen lässt. Bisher hatte sie zwar Vorstellungen davon, was ihr wichtig bzw. unerlässlich erschien und hat ihre Ideen mit denen einer oder mehrerer KIs abgeglichen. Sie hat aber niemals zuvor ein ausgearbeitetes Worksheet mit dem Output einer KI wie ChatGPT verglichen. Schließlich versucht die Lehrerin es mit folgendem Prompt.

Prompt: My students are learning English as a foreign language in the sixth year. I would like to introduce them to the song 'Caledonia' by Amy Macdonald. Before they listen to the song, they should first collect terms about 'Scotland' in tandems and discuss them in plenary. Create a worksheet that ends with a list of 'Our top ten of Scotland'.

ChatGPT

Worksheet: Exploring Scotland with "Caledonia" by Amy Macdonald

Task 1: Vocabulary Tandems

In pairs (tandems), brainstorm and write down as many words or terms related to Scotland as you can. These can be names of places, cultural elements, historical events, or anything else that comes to mind.

Tandem 1: ______________________________
Tandem 2: ______________________________

Tandem 3: ______________________________
Tandem 4: ______________________________

Tandem 5: ______________________________
Tandem 6: ______________________________

Tandem 7: ______________________________
Tandem 8: ______________________________

Task 2: Sharing and Discussing

Come together as a class and take turns sharing one term from your list. Discuss why you think this term is significant to Scotland or what it represents.

Task 3: Listen to "Caledonia"

Listen to the song "Caledonia" by Amy Macdonald. Pay attention to the lyrics and try to identify any references to Scotland.

Task 4: Our Top Ten of Scotland

Based on your discussions and the song, choose the ten most interesting or important aspects of Scotland. Write them down below.

1. ______________________________
2. ______________________________
3. ______________________________
4. ______________________________
5. ______________________________
6. ______________________________
7. ______________________________
8. ______________________________
9. ______________________________
10. ______________________________

Bonus Task (Optional)

Research one of the aspects you listed in Task 4 in more detail. Write a short paragraph explaining why it is significant to Scotland.

Reflection (Teacher's Note)

What did you find most interesting about Scotland? Were there any surprises? Discuss with your classmates.

Note: Make sure to play the song "Caledonia" by Amy Macdonald for your students during Task 3. Encourage them to actively listen for references to Scotland in the lyrics.

Zunächst eine grundlegende Anmerkung zur Generierung von ChatGPT: Wie so oft, „interpretiert" der Bot den Hinweis „Before they listen to the song,…", wie es ihm passt. Es zeigt sich, dass man im Prompt eine Reihe weiterer Hinweise und Einschränkungen benennen müsste, um ein passables Ergebnis zu erzielen. Zum Vergleich füge ich das Arbeitsblatt von B. Klewitz an:

Scotland with love

Task 1:

First impressions - what comes to mind when you think about Scotland? **Compile** a list of words typically connected with Scotland with you neighbor and swap ideas in class where you can rank results in a top-ten-list. After ranking explain the reasons for your choice in key words.

If you deal with the word bank (see below!) first, you will get some additional clues…

Scotland - the Scots - Scottish … Whisky - tartans - kilt - bagpipes - Loch Ness Monster - Celtic Glasgow - Loch Lomond - Brexit - Scottish independence - folk music …

Scaffolding

Work bank (find out meanings by using an electronic dictionary) Celtic - meanness - Gaelic - gulf stream - tartan - kilt - … - …

Our top ten of Scotland

1 ……………………………………………………………………………………
2 ……………………………………………………………………………………
3……………………………………………………………………………………
4 ……………………………………………………………………………………
5 ……………………………………………………………………………………
6 ……………………………………………………………………………………
7 ……………………………………………………………………………………
8 ……………………………………………………………………………………

9 ....
10 ....
(Klewitz 2022, S. 325)

5.4 Ein Multiple-Choice Test zum Thema Kleingruppenarbeit

Ein Lehrer möchte seine Schülerinnen und Schüler besser auf die Arbeit in Tandems und weiteren Kleingruppen einstimmen. Er glaubt, eine entsprechende Generierung einer KI könnte ihm dabei helfen.

Prompt: My students are learning English as a foreign language in the 3rd year. Create a multiple-choice test on the advantages and disadvantages of small group work. Limit yourself to the most important aspects.

ChatGPT

Certainly! Here's a multiple-choice test on the advantages and disadvantages of small group work for your 3rd-year English as a foreign language students:

Advantages and Disadvantages of Small Group Work

Part I: Advantages

Question 1: What is one of the main benefits of small group work?

A) Increased individual accountability B) Reduced diversity of perspectives C) Limited opportunities for peer learning D) Slower progress in tasks

Question 2: How does small group work contribute to language learning?

A) Encourages passive participation B) Provides more opportunities for speaking and listening C) Limits exposure to different accents and expressions D) Decreases interaction with peers

Question 3: What does small group work promote in terms of problem-solving skills?

A) Limited critical thinking abilities B) Collaboration and teamwork C) Dependence on the teacher for solutions D) Reduced creativity

Part II: Disadvantages

Question 4: What is one potential drawback of small group work?

A) Limited engagement and participation B) Enhanced social interaction and communication skills C) Increased opportunities for peer support D) Decreased teacher-student interaction

Question 5: Why might some students find small group work challenging?

A) It encourages independent thinking B) It may lead to conflicts or disagreements C) It limits opportunities for peer learning D) It reduces overall learning opportunities

Question 6: What is a potential downside of small group work in terms of time management?

A) It allows for more focused and efficient use of time B) It may lead to slower progress on tasks C) It reduces opportunities for discussion and brainstorming D) It encourages procrastination

Answer Key:

Part I:

1. A) Increased individual accountability
2. B) Provides more opportunities for speaking and listening
3. B) Collaboration and teamwork

Part II:

4. A) Limited engagement and participation
5. B) It may lead to conflicts or disagreements
6. B) It may lead to slower progress on tasks

Feel free to adjust or modify the questions as needed to suit your specific curriculum and teaching objectives.

Als er die Generierung durchgesehen hat, weiß er, dass weitere Prompts nötig wären, bis die KI ihren Output den sprachlichen Möglichkeiten und dem inhaltlichen Kenntnisstand seiner Lernenden angepasst hätte. Er beschließt, den Output einer seiner Lerngruppen im 10. Schuljahr vorzulegen. Zuvor spricht er im Lehrerzimmer mit einer Fachkollegin über sein Vorhaben. Sie schlägt ihm vor, die Schülerinnen und Schüler zunächst selbst je drei Vorzüge und drei Nachteile von Kleingruppenarbeit auflisten zu lassen, bevor er ihnen den Output von ChatGPT vorlegt. Ein hinzukommender Referendar mischt sich in das Gespräch ein und schlägt dem Kollegen vor, sich im Internet zu informieren, indem er die Frage nach Vor- und Nachteilen von Kleingruppenarbeit in eine Suchmaschine eingibt. Das tut der Lehrer und stellt fest, dass es auch in englischer Sprache eine große Zahl von Blogposts und weiteren Quellen gibt, die auf die Frage: *What are the advantages and the disadvantages of small group work?* (teils ausführlich) eingehen. Er liest die Antworten durch und notiert sich schließlich Stichworte aus einem Post (https:-/--/-blog.innerdrive.co.uk-/-advantages-disadva ntages-group-work ; letzter Zugriff Dezember 2023).

Advantages of Group Work
- New perspective
- Personal satisfaction
- Teamwork skills
- Enhances learning
- Learn to overcome conflict

Disadvantages of Group Work
- Presence of conflict
- Unequal partcipation
- Avoiding the task
- Time consuming
- Individual needs are dominated by the needs of the group

Als er mit seinen Lernenden der 10. Jahrgangsstufe über das Thema spricht, stellt er zu seinem Erstaunen fest, dass sie zwar bisweilen voneinander abweichende Meinungen vertreten, aber im Prinzip gut Bescheid wissen. Schließlich legt er ihnen die Generierung von ChatGPT vor. Die meisten schauen nur kurz darauf; eine Schülerin erntet für ihre Bemerkung: „Wie immer, much a do about nothing!" große Zustimmung.

5.5 Einen Brief an die Austauschpartnerin verfassen

Vor einer geplanten Austauschfahrt nach Boston erteilt die Englischlehrerin ihren Schülerinnen und Schülern (9. Klasse Gesamtschule) die Aufgabe, einen kurzen Brief oder eine E-Mail-Nachricht an ihre Austauschpartnerin oder den -partner zu schreiben – selbstverständlich auf Englisch. Den Entwurf ihres kurzen Schreibens sollen sie ihr zur Korrektur vorlegen. Sie geht davon aus, dass viele ihrer Lernenden sich den Brief von Google Translator deepL übersetzen lassen oder einen entsprechenden Prompt bei ChatGPT eingeben. Zum einen möchte sie natürlich, dass die Lernenden eine möglichst fehlerfreie Nachricht nach Boston schicken. Vor allem aber geht es ihr darum herauszufinden, in welcher Form einzelne Schülerinnen und Schüler vorgehen, damit sie sie zur besseren Nutzung der verschiedenen KI-Systeme anleiten kann.

Bevor die Lernenden ihre Entwürfe vorlegen, gibt sie ihre Aufgabenstellung wörtlich bei ChatGPT ein.

Prompt: „Schreibt einen kurzen Brief an euere Austauschpartnerin oder eueren Austauschpartner in Boston, in dem ihr darauf hinweist, dass ihr euch auf die Studienfahrt und das persönliche Kennenlernen sehr freut. Fügt am Schluss hinzu, dass ihr eine kurze Nachricht schickt, sobald ihr unterwegs seid." Schreibe auf Englisch.

ChatGPT

Dear ... ,
I hope this letter finds you well. I am writing to express my excitement about our upcoming study trip and the opportunity to meet you in person. I cannot wait to experience the culture and history

of Boston together, as well as learn from your perspective and experiences.
I believe this exchange will be an enriching experience for both of us, and I am looking forward to creating unforgettable memories with you.
Before we depart, I wanted to let you know that I will send you a quick message once I am on my way. I am counting down the days until we meet!
Best regards,

Beim Durchlesen stellt sie mit einem gewissen Staunen fest, dass der Chatbot aus ihrer kurzen Aufgabenstellung einen sprachlich sehr anspruchsvollen Brief generiert hat, den ihre Lernenden in dieser Form sicherlich nicht zustande bringen könnten. Wie so häufig, hat sie vergessen anzugeben, dass ihre Schülerinnen und Schüler Englisch im 5. Jahr lernen. Das holt sie nach, ohne dass der Output sich nennenswert verändert. Sie beschließt, einen dem Kenntnisstand der Lernenden entsprechenden Prompt einzugeben und zu schauen, was dabei herauskommt.

Prompt: Schreibe einen kurzen Gruß an meine Austauschpartnerin Alyssa. Sage ihr, dass ich mich auf unsere Studienfahrt nach Boston sehr freue und dass ich glücklich bin, sie endlich persönlich kennenzulernen. Schreibe ihr kurz, dass ich ihr eine Nachricht schicke, sobald wir unterwegs sind. Grüße sie herzlich von mir. Schreibe den kurzen Brief auf Englisch.

ChatGPT

Dear Alyssa,
I just wanted to drop you a quick note to say how excited I am for our upcoming study trip to Boston! I can't wait to finally meet you in person and explore the city together.
I'll be sure to send you a message once we're on the road. Please give my warmest regards to your family and friends.
Looking forward to seeing you soon!
Best,

Dieses Ergebnis dürfte den Möglichkeiten von Lernenden im 5. Jahr Englischunterricht eher entsprechen. Fraglich ist aber, ob dieser Vorschlag die Vorstellungen einzelner Lernender trifft. Die Lehrerin schreibt nun einen Brief, der – aus ihrer Sicht – von einer ihrer Schülerinnen oder einem Schüler stammen könnte.

Prompt: „Liebe Alyssa, wie geht es dir? Ich möchte dir kurz mitteilen, dass ich mich auf unsere Studienfahrt nach Boston sehr freue. Ganz besonders freut es mich, dass ich endlich Gelegenheit habe, dich persönlich kennenzulernen. Sobald wir unterwegs sind, schicke ich dir eine kurze Nachricht. Liebe Grüße..." Bitte schreibe diesen Brief auf Englisch.

ChatGPT

Dear Alyssa,
How are you? I wanted to let you know that I'm really looking forward to our study trip to Boston. I'm especially excited to finally have the chance to meet you in person.
Once we're on our way, I'll send you a quick message.
Best regards,

Nun möchte sie noch die Probe aufs Exempel machen: Sie lässt den gleichen Brief von Google deepL übersetzen:

Dear Alyssa,
How are you? I would like to take a moment to let you know that I am very excited about our study trip to Boston. I am especially happy that I will finally have the opportunity to meet you in person. As soon as we are on our way, I will send you a short message.
Best regards,

Nach meinem Dafürhalten zeigt das Beispiel, dass ChatGPT dem Google Translator in diesem Fall überlegen ist. Die Lehrerin vermutet, dass dies auf die umfänglichen Daten zurückzuführen ist, mit denen der Chatbot von OpenAI trainiert wurde. Sie ist der Meinung, dass ChatGPT daher ein besseres „Verständnis" des Kontextes hat. Sie beschließt, ihre Einsichten bei der Korrektur der abgegebenen Briefe im Auge zu behalten. Vor allem aber wird sie bei der Rückgabe mit den Lernenden über die Unterschiede sprechen.

Fazit: Die in diesem Abschnitt dargestellte Unterrichtsvorbereitung führt zu folgenden Einsichten, welche Schülerinnen und Schüler (sowie Lehrpersonen) bei Generierungen von KI-Sprachmodellen im Auge behalten sollten:

- ChatGPT generiert Texte von unterschiedlichem Niveau, je nachdem, ob man die Aufgabenstellung oder deren Erarbeitung eingibt. Erteilt man einem KI-Sprachmodell beispielsweise mithilfe des Prompts den Arbeitsauftrag, einen Brief zu verfassen, generiert der Bot ein Ergebnis, welches sich deutlich von den Generierungen unterscheidet, die man erhält, wenn man ihm die wörtliche Formulierung des Briefes zur Übersetzung vorgibt.
- Aufgrund der immensen Trainingsdaten, besonders in englischer Sprache, ist der Chatbot von OpenAI bei der Übertragung bisweilen leistungsfähiger als der Google Translator.
- Die Lernenden legen sich aufgrund dieser Vergleiche Rechenschaft darüber ab, dass es schwierig sein dürfte, von ChatGPT erstellte Texte als eigene auszugeben. Selbst ohne einen entsprechenden Detektor hat die Lehrperson zahlreiche Möglichkeiten zu erkennen, ob die Leistung von den Schülerinnen und Schülern selbst stammt oder sie auf ein KI-System zurückgegriffen haben.
- Sofern sich die Nutzung einer KI nur auf einzelne Formulierungen und nicht auf die gesamte Aufgabenstellung bezieht, sind solche Rückgriffe zu tolerieren. Schließlich gibt es schon seit Jahrzehnten „Copy and paste". Selbstverständlich ist es wünschenswert, dass die Lernenden ihre Quellen immer benennen, wenn sie der Lehrperson eine Ausarbeitung zur Durchsicht vorlegen.

5.6 Prompts zum Ausprobieren

Es folgt eine Auswahl von Prompts, die in erster Linie für Englischlehrerinnen und -lehrer konzipiert sind. Das schließt selbstverständlich nicht aus, ausgewählte Prompts und die Generierungen im Unterricht zu erläutern und zu nutzen. Schülerinnen und Schüler können sie gegebenenfalls an ihre eigenen Erfordernisse anpassen und außerhalb des Unterrichts darauf zurückgreifen, sofern sie einen Account bei ChatGPT haben oder wissen, wie man Zugang zu weiteren KI-Sprachmodellen erhält. In den meisten Fällen müssen die folgenden Vorschläge ohnehin für den jeweiligen Lernkontext adaptiert werden. Auch hier ist wieder Experimentieren angesagt: Nur in Ausnahmefällen wird die Formulierung der individuellen Diktion der Lehrkraft und nicht zuletzt den Englischkenntnissen einzelner Lernender entsprechen.

Zwar gibt es inzwischen zahlreiche wissenschaftsorientierte Publikationen zum Thema KI-Sprachsysteme und LGAIMs, vor allem zur Generation von Bildern; sie beziehen sich aber nur selten auf Schule und Unterricht. Die folgenden Prompts habe ich drei einschlägigen Publikationen entnommen, zwei englischsprachigen und einer auf Deutsch (Fitzpatrick u.a. 2023; Skrabut 2023; Kuderwewski 2023). Alle Prompts, auch die in englischer Sprache, habe ich für den Kontext des Fremdsprachenunterrichts in deutschsprachigen Schulen angepasst. Außerdem habe ich nur Prompts bis zu einer gewissen Länge ausgewählt; insbesondere Fitzpatrick und seine Co-Autoren stellen Prompts vor, die mehr als eine halbe Druckseite Text umfassen. Die folgenden Eingabeaufforderungen habe ich mehrfach erprobt, zum Beispiel:

Prompt: What is artificial intelligence? Explain it to a ten-year-old.

ChatGPT

> Sure! Imagine you have a really smart robot friend. This robot friend can think and learn, a bit like how you do in school. But instead of learning about math or history, this robot friend learns about all sorts of things, like how to recognize pictures, understand language, and even play games.

> Artificial Intelligence, or AI for short, is when we teach machines like computers or robots to be smart and make decisions on their own, just like how you make decisions when you play a game or solve a puzzle. It's like having a super smart helper that can learn and do things without being told every single step.
>
> For example, AI helps your phone understand your voice when you talk to it, or suggests movies you might like to watch. It's all about making machines really good at understanding and helping people in lots of different ways!

Ich fordere interessierte Leserinnen und Leser auf, mit den Prompts zu experimentieren, bis die Generierungen den Erwartungen möglichst weitgehend entsprechen. Auch für Lehrinnen und Lehrer ist es sinnvoll, sich Sammlungen bewährter Prompts anzulegen und sich mit Kolleginnen und Kollegen auszutauschen (vgl. Kap. 3.5).

Prompts

- What is artificial intelligence? Explain it to a ten-year-old.
- Create a guideline for teachers using ChatGPT in the classroom.
- Write five questions about 'Artificial Intelligence' and its impact on schools and classrooms.
- Convince me that Artificial Intelligence should be addressed and used in the school classroom.
- How can students use the 'Think, Pair, Share' learning strategy in conjunction with ChatGPT for their learning?
- Create a summary of key points from the book [title] by [author name].
- Summarize this article [enter article] and create a list of key points with bullet points.
- Respond in a table with three columns. The three columns should be titled ....
- You are an expert on ... Read the text [enter text] and pick out the key words. Write a short, simple definition for each key word for 7th grade students.
- You are to act as an essay writer. You must research a given topic, formulate a thesis statement, and create a persuasive

essay that is informative and engaging. My first request is: I need help writing a persuasive essay on the importance of reducing plastic waste in our environment.

- You are a philosophy teacher. I need help understanding how various philosophical theories can be applied to everyday life.
- I want you to act as Socrates and to use the Socratic method to challenge my beliefs. I will make a statement and you will try to further question each statement to test my logic. You will respond with one line at a time. My first statement is, "Justice is necessary in a society."
- You act as an AI writing assistant. One of my 9th grade students (English as a foreign language 5th year) needs help improving his writing, and your job is to use artificial intelligence tools like Natural Language Processing to give the student feedback on how to improve his writing. You should also use your rhetorical knowledge and experience with effective writing techniques to suggest ways the student can better express his thoughts and ideas in writing. My first request is, "I need someone to help me edit my essay" [text of essay].

Kap. 6 Die Lernenden mit KI-Sprachmodellen vertraut machen

6.1 Grundlagen

Obgleich Olaf Simon Englisch hauptsächlich in der Oberstufe unterrichtet, während Iris Schröder vor allem in der Unterstufe und beginnenden Mittelstufe Englischunterricht erteilt, tauschen sich die beiden Lehrkräfte häufig über ihre Ziele und Inhalte aus. Das gilt ganz besonders, seit ChatGPT und weitere KI-Sprachmodelle im Unterricht eine größere Rolle spielen.

Iris: Na, hast du wieder mit ChatGPT in deiner Lerngruppe gearbeitet?

Olaf: Ja, wir greifen hier und da auf die verschiedenen KIs, die gratis im Umlauf sind, zurück. Viele Schülerinnen und Schüler haben einen privaten Account, den sie auch für die Hausaufgaben nutzen.

Iris: Und wie stellst du sicher, dass sie die Tools sachgemäß nutzen?

Olaf: Was meinst du mit ‚sachgemäß'?

Iris: Na, lassen sich einige die Hausaufgaben nicht von einer KI machen?

Olaf: Eigentlich nicht. Meine Aufgaben sind meist so formuliert, dass das nicht möglich ist… persönliche Stellungnahmen, eigene Erlebnisse, Zusammenarbeit mit anderen Lernenden. Ich denke aber immer wieder darüber nach, wie ich sie systematisch der Funktionsweise und der Rechtslage vertraut machen kann.

Iris: Richtig, der konkreten Nutzung sollte eine Einführung in die Rahmenbedingungen vorausgehen. Aber wie?

Olaf: Du hast es da eigentlich leichter, denn du könntest das auf Deutsch machen. Mit einer Einführung auf Englisch wären deine Siebtklässler ja überfordert. Oder?

Iris: Genau. Trotzdem weiß ich nicht so recht, womit ich beginnen soll? Mit den Rahmenbedingungen oder den technischen Grundlagen?

Olaf: Ich denke, man sollte, gleichgültig ob auf Deutsch oder in Englisch, zunächst mit den äußeren Voraussetzungen anfangen, bevor man auf technische Einzelheiten eingeht, die ja erst dann von Belang sind, wenn die Schülerinnen und Schüler die Tools tatsächlich nutzen …

Iris: oder wenn sie im Unterricht eine größere Rolle spielen.

Olaf: Da hast du sicher recht. In einer der nächsten Stunden werde ich versuchen, ihnen die Nutzungsbedingungen zu erklären. Mal sehen, wie weit ich auf Englisch damit komme.

Iris: Es wäre sicher eine Hilfe für mich, wenn Du mir hinterher berichtest, wie es gelaufen ist. Ich kann dann vielleicht auch den einen oder anderen Fachbegriff auf Englisch einführen.

Olaf: Das kann ich gern machen.

Wenn Lehrpersonen ihre Lernenden in die Nutzung von KI-Sprachmodellen und weiterer generativer Systeme einführen wollen, müssen sie die rechtlichen Voraussetzungen genau kennen. Dabei ist es zunächst unerheblich, ob die Schülerinnen und Schüler im Unterricht und-/-oder beim häuslichen Lernen auf die KIs zugreifen (Medienkompetenz), oder ob die Lehrperson es (zunächst) bei einer Vorstellung der Rahmenbedingungen belassen will (Medienbildung). Über die insbesondere in Kapitel 1 (vgl. 1.2) erläuterten Aspekte des Datenschutzes und des Urheberrechts hinaus, sei noch einmal an zwei wichtige Voraussetzungen erinnert: Die Lehrkraft muss sicherstellen, dass keinerlei personenbezogene Daten der Schülerinnen und Schüler gespeichert werden und dass die Lernenden, sofern vorgesehen, nur Endgeräte benutzen, die nicht mit der Person der jeweiligen Schülerin oder des Schülers in Verbindung gebracht werden können.

Hinweise können fortgeschrittene Englischlernende beispielsweise den Ausführungen von Jaron Lanier entnehmen, einem KI-Experten aus dem Silicon Valley. Seine Ausführungen zu den neuen KI-Systemen können als Diskussionsgrundlage bei der

Einführung im Unterricht dienen – entsprechende Hilfen durch die Lehrperson vorausgesetzt.

> It's easy to attribute intelligence to the new systems; they have a flexibility and unpredictability that we don't usually associate with computer technology. But this flexibility arises from simple mathematics. A larger language model like GPT-4 contains a cumulative record of how particular words coincide in the vast amounts of text that the program has processed. This gargantuan tabulation causes the system to intrinsically approximate many grammar patterns, along with aspects of what might be called authorial style. When you enter a query consisting of certain words in a certain order, your entry is correlated with what's in the model; the result can come out a little different each time, because of the complexity of correlating billions of entries. (Lanier 2023, The New Yorker 20. 04. 2023)

Lanier verurteilt den Hype um KI-Anwendungen, ohne die großen Fortschritte, die in jüngster Zeit erzielt wurden, zu leugnen. Er sieht auch keinen AI takeover, glaubt aber, dass unser unsachgemäßer Umgang mit den neuen Tools uns in den Wahnsinn treiben kann.

> From my perspective, the danger isn't that a new alien entity will speak through our technology and take over and destroy us. To me the danger is that we'll use our technology to become mutually unintelligible or to become insane if you like, in a way that we aren't acting with enough understanding and self-interest to survive, and we die through insanity, essentially. (Lanier 2023, Interview The Guardian 23. 03. 2023)

Er weist immer wieder darauf hin, dass diese Tools ebenso wie auch das Internet im Allgemeinen die Wahlmöglichkeiten verringern, die unser Menschsein ausmachen. Verloren geht unsere Individualität, auf der Strecke bleiben zwischenmenschliche Beziehungen.

Und nicht nur das: Kinder und Jugendliche werden immer häufiger mit unpassenden Inhalten konfrontiert – so die Schulleiterin Silke Müller in ihrem 2023 erschienenen Buch *Wir verlieren unsere Kinder! Gewalt, Missbrauch, Rassismus – Der verstörende Alltag im Klassenchat* (Müller 2023, S. 13 ff.). Die Forderung, alle Lernenden in die Nutzungsbedingungen von ChatGPT einzuführen, beruht nicht so sehr auf der Illusion, man könnte sie so davon abbringen, ihre Hausaufgaben von einer KI erledigen zu lassen. Die Erläuterungen von OpenAI selbst zu den Nutzungsbeschränkungen kann die Lernenden der Einsicht näherbringen, dass der Output der

Tools ganz offensichtlich zahlreiche unerwünschte Inhalte enthalten kann und dass sie sich davor schützen sollten. Auch der Hinweis kann weiterhelfen, dass OpenAI die Variante GPT-3.5 von ChatGPT nicht aus Selbstlosigkeit gratis zur Verfügung freigegeben hat. Wenn die Lernenden es noch nicht wissen, ist es die Aufgabe der Lehrperson, ihnen zu erklären, dass das Unternehmen durch die Registrierung per E-Mail (oder in anderer Weise) jederzeit auf ihre Aktivitäten im Rahmen von ChatGPT zugreifen kann. Wissen sie, dass der Bot aus jeder Generierung lernt, also auch aus den Anwendungen von übelmeinenden Userinnen und Usern?

Sicher ist es nicht sinnvoll, die Schülerinnen und Schüler gleich zu Beginn der Einführung auf die zahlreichen Unzulänglichkeiten von ChatGPT und anderer KI-Sprachmodelle aufmerksam zu machen. Sie könnten dies als Versuch der Lehrerin oder des Lehrers missdeuten, sie generell von der Nutzung der neuen KI-Tools abzubringen. Vielmehr sollten sie von Anfang an – gleichgültig auf welche Beispiele die Lehrkraft zurückgreift – den berechtigten Eindruck gewinnen, dass sie insbesondere für ihre Englischkenntnisse von Tools wie ChatGPT bei sachgemäßer Nutzung in und außerhalb von Schule und Unterricht profitieren können. Sachgemäße Anwendung durch Schülerinnen und Schüler heißt vor allem:

- erst selbst tätig werden und anschließend die eigene Erarbeitung mit Generierungen von ChatGPT oder denen einer anderen KI vergleichen,
- sich nicht auf die Generierungen verlassen, sondern den Output stets überprüfen; das gilt mit Blick auf den Englischunterricht in erster Linie für die Inhalte,
- sich mit dem Prompting auseinandersetzen und geeignete Folgeprompts verwenden,
- sich mit Peers über die Nutzung austauschen.

6.2 Eine unerwartete Einführung

Timo, ein Schüler aus der Klasse von Herrn Simon erzählt seinem Freund Harry, der in die Parallelklasse geht, dass Herr Simon die Schülerinnen und Schüler in einer der nächsten Stunden mit den Grundlagen von KI-Systemen vertraut machen will. Harry weiß über die neuesten Technologien gut Bescheid und nutzt ChatGPT schon seit längerer Zeit. Timo hingegen ist skeptisch; er weiß noch nicht so recht, wie er einen Chatbot nutzen kann, insbesondere zur Verbesserung seiner Englischkenntnisse. Harry hingegen ist sehr gespannt zu erfahren, wie Herr Simon bei der angekündigten Einführung vorgehen wird. Als er Timo nach einigen Tagen auf dem Schulhof trifft, erkundigt er sich sofort bei seinem Freund.

Harry: Nun, hat euch der Herr Simon in die Tools eingeführt?
Timo: Nein, noch nicht.
Harry: Und warum nicht?
Timo: Die Stunde, die er vorgesehen hatte, ist ausgefallen. Wir haben eine Deutscharbeit geschrieben, bei der er uns beaufsichtigt hat.
Harry: Und jetzt?
Timo: Übermorgen ist es soweit. Dann können wir auch in den IT-Raum; da sind die technischen Möglichkeiten sicher besser.
Harry: Also denk daran: ChatGPT beruht auf maschinellem Lernen, bei dem der Bot aus den eingegebenen Daten selbstständig weiterlernt. Aber die Firma, die das Tool entwickelt hat, nämlich OpenAI, hat auch Menschen eingesetzt.
Timo: Was heißt das: Menschen eingesetzt?
Harry: Zusätzliche Lernphasen wurden von Menschen überwacht. Zum selbstständigen, unüberwachten Lernen ist auch überwachtes Lernen hinzugekommen.
Timo: Warum das?
Harry: Um bestimmten Fehlentwicklungen entgegenzuwirken.
Timo: Also ich verstehe jetzt gar nichts mehr. Welche Fehlentwicklungen?
Harry: Du musst dir das so vorstellen: Diese KI-Systeme, vor allem ChatGPT, entscheiden aufgrund eines eingegebenen Wortes oder einer kurzen Textpassage, welches Wort oder welcher Ausdruck mit der größten Wahrscheinlichkeit auf den vorausgegangenen Input folgt.
Timo: Wenn ich das richtig verstanden habe, ist es also entscheidend, welchen Auftrag ich dem ChatGPT gebe.

Harry: Ja, genau, und vor allem auch wie du die Eingabe formulierst. Eine Frage oder einen Auftrag richtet man an den Chatbot mithilfe eines sogenannten Prompts.

Timo: Ja, davon habe ich schon öfter gehört. Überall kann man lesen, dass alles vom passenden Prompt abhängt.

Harry: So ist es. Aber noch eine Kleinigkeit. Zum unüberwachten und dem überwachten Lernen kommt noch das Lernen durch Belohnung hinzu. Auch es wird von Menschen geleitet.

Timo: Wirklich nicht einfach. Aber wenn ich recht überlege, müsste ChatGPT aus jedem Input und dem Output dazulernen. Oder sehe ich das falsch?

Harry: Nein, das siehst du vollkommen richtig. Das ist auch der Grund, warum man auf denselben Prompt bei mehreren Eingaben, beispielsweise an aufeinanderfolgenden Tagen, unterschiedliche Generierungen, so nennt man den Output, erhält.

Timo: Also ich bin mächtig gespannt, ob Herr Simon alle diese Einzelheiten auf dem Schirm hat.

Harry: Und ich erst!

Die Unterrichtsstunde verläuft anders, als die beiden Schüler erwartet haben. Herr Simon beginnt nicht etwa mit technischen Einzelheiten, sondern hat eine Generierung von ChatGPT mitgebracht. Der Lehrer hat folgenden Prompt eingegeben:

Prompt: Explain to my students (they are 7th year English language learners) how it is possible for an AI language model to write a complete short story without further assistance. Give examples of books with stories generated by an AI.

ChatGPT

Certainly! Alright, everyone, today we're going to talk about how AI language models, like the one I'm based on, can write complete short stories without any additional help. This might seem a bit like magic, but it's actually the result of a lot of hard work and clever programming.

First, let's understand what an AI language model is. It's like a computer program that's really good at understanding and generating human language. It's been trained on a huge amount of text from books, articles, and websites. So, it's learned a lot about how people use words and sentences.

Imagine if you learned English by reading lots and lots of books. You'd start to get a good sense of how to put sentences together, right? Well, that's kind of what happened with this AI. It read so many things that it learned to create its own stories, just like you learn to tell stories by hearing and reading them.

Now, when it writes a story, it uses all that knowledge to put words and sentences together in a way that makes sense. It's kind of like having a super smart friend who's really good at English and can help you write a story.

There are even books out there that have been written with the help of AI. One famous example is a book called "1 the Road". It's a collection of short stories, and the AI played a big part in writing them. Another book called "The Day A Computer Writes A Novel" was also created with the help of an AI. It's amazing how technology is helping us explore new ways of creating art!

So, while it might seem surprising, AI can be a powerful tool to assist with creative tasks like writing stories. It's like having a special kind of assistant that's really good with words!

Nachdem die Schülerinnen und Schüler den Prompt und die Generierung gelesen haben, können sie sich einen Reim darauf machen, warum Herr Simon diese Art der Einführung gewählt hat. Das Tool erklärt einige wichtige Voraussetzungen für bestimmte Generierungen selbst: Gleich zu Beginn verweist es auf „clever programming". Im zweiten Abschnitt nimmt es auf seine Trainingsdaten Bezug, um im dritten Absatz eine Verbindung zu den Lernenden herzustellen. Dann geht es darauf ein, dass es darauf ankommt, welche Wörter miteinander auftauchen können. Von diesen Inhalten ausgehend, erläutert Herr Simon die technischen Einzelheiten etwas ausführlicher.

Der Lehrer ist den beiden Büchern, die der Bot nennt, anhand der Titel im Internet und auf Amazon.com nachgegangen, weil er weiß, dass insbesondere ChatGPT bisweilen Quellen erfindet. *1 the Road* ist 2018 erschienen und erzählt aus der Sicht eines Autos eine Fahrt von New York nach New Jersey. Es werden mehrere Co-Autoren der KI genannt. *A short novel co-written by humans and AI* hat bereits 2016 die erste Runde eines japanischen Literaturwettbewerbs geschafft, bei dem Werke von Menschen sowie von Künstlicher Intelligenz akzeptiert werden. Die beiden Bücher zeigen den Schülerinnen und Schülern, dass es kein Buch gibt, welches von einer KI allein geschrieben wird, sondern dass immer Menschen die Initiatoren und meist auch die Co-Autoren sind. Das gilt insbesondere für *1 the Road*, das in zahlreichen Reviews besprochen und kommentiert wird:

> The car itself is the pen. But, then, who is the author? … though Goodwin has surrendered creative license to a writing machine, he nevertheless created the machine and the rules by which it operates. Not insignificantly, he selected the sources of input, including 'nearly 200 hand-picked books' that, in composite, form the linguistic matrix that informs the A.I.'s literary sensibilities, from word choice to sentence structure … (BOMB Magazine; https:-/--/-digitaldozen.io-/-projects-/-1-the-road-/- ; letzter Zugriff Dezember 2023)

Zur weiteren Veranschaulichung hat der Lehrer noch ein Arbeitsblatt mit einer interessanten Abbildung mitgebracht. Das Buch ist 2023 erschienen. Die Empfehlung von Amazon stammt aus *Goodreads*. Auch hier wird der Eindruck erweckt, als habe die KI die Geschichten gänzlich selbst verfasst, aber dennoch wird Umberto Raimondo als Autor genannt.

> 20 short stories written by GPT-3 chat and illustrated by DALL-E
> 20 short stories written by GPT-4 chat and illustrated by Midjourney
>
> "Echos from the Future" is a collection of short stories written by an artificial intelligence. Each story is a journey into the AI's imagination, taking us to fantastic, futuristic, or surreal worlds, allowing us to explore new horizons and discover the potential of technology. A read that both excites and makes us reflect on the nature of humanity and its relationship with technology.

6.3 Prompting lernen und Folgeprompts nutzen

Es wurde bereits darauf hingewiesen, dass die Generierungen sich bisweilen deutlich unterscheiden, je nachdem ob man sie auf Deutsch (mit dem Zusatz *Schreibe-/-Antworte auf Englisch*) oder in englischer Sprache eingibt. Folglich ist es eine der wichtigsten Aufgaben, wenn nicht die wichtigste überhaupt, die Schülerinnen und Schüler auch mit dem Verfassen von Eingabeaufforderung in englischer Sprache vertraut zu machen und das Prompting immer wieder zur Sprache zu bringen und zu üben.

Häufig wird darauf verwiesen, dass Suchmaschinen (beispielsweise Google Drive) bessere Ergebnisse liefern als ChatGPT. Das ist im Prinzip richtig, vor allem wenn man Wert auf die Angabe einschlägiger Quellen legt. Andererseits hat man bei ChatGPT die Möglichkeit sich mit Blick auf die eigenen Englischkenntnisse an den Generierungen von KI-Sprachmodellen zu orientieren. Beispielsweise kann man ChatGPT befragen, wie das Tool sich selbst wahrnimmt und daran weitere Prompts anzuschließen. Versuchen wir es zunächst mit einer allgemein gehaltenen Eingabeaufforderung:

Prompt: How does ChatGPT perceive itself?

ChatGPT

I don't possess self-awareness or consciousness. I'm a computer program designed to process and generate text based on patterns in the data I was trained on. I don't have subjective experiences, thoughts, or emotions. Any statements I make about myself are preprogrammed or generated based on the input I receive. My responses are generated based on patterns in the data I was trained on, and I don't have the capacity for introspection or self-perception.

In einfachen Worten ausgedrückt: ChatGPT kann Informationen aus den Daten ziehen, mit denen es trainiert wurde, und Muster in den Eingaben erkennen, um Textantworten zu erstellen. Es hat jedoch keine eigene Vorstellung von sich selbst, Bewusstsein oder Empfindungen. Es ist lediglich ein Werkzeug zur Verarbeitung von

Text auf der Grundlage der ihm zur Verfügung stehenden Trainingsdaten. Gibt man die Suche nach ChatGPT bei Google ein, erhält man eine Auflistung der (aktuellsten) Links, die Auskunft über das Tool geben. Sie sind nicht in einem dialogähnlichen Stil abgefasst wie ChatGPT. Und sie erlauben auch keine Rückfragen.

Inhaltlich betrachtet sind die Aussagen, die ChatGPT über sich selbst macht, nicht falsch, aber sind sie auch angemessen ausgedrückt? Es bietet sich an, die Aufmerksamkeit der Schülerinnen und Schüler auf die Verwendung der englischen Sprache in obigem Output zu lenken. Nehmen sie die Wiederholungen als störend wahr? Wie hätten sie selbst den Inhalt der Generierung auf Englisch formuliert? Fortgeschrittene Lernende (etwa ab 5. Lernjahr) können in Tandems oder Vierergruppen den Text der Generierung neu formulieren. Was könnte an zusammenfassen? Welche Umstellungen könnte man vornehmen? Wie kann man Wortwiederholungen vermeiden, indem man sie abwandelt? Wenn die Lernenden den Output selbstständig formuliert haben, kann man es mit einem Folgeprompt versuchen:

Prompt: Keep it shorter.

ChatGPT

I don't have self-perception or consciousness. I'm a computer program that generates text based on patterns in data.

Es ist an den Lernenden zu beurteilen, inwieweit die KI sich auch sprachlich immer als Vorbild erweist oder ob sie schlicht das „ausspuckt", was am naheliegendsten ist.

6.4 Einen individuellen Schreibstil entwickeln

Der Output auf den letzten Folgeprompt kann den Lernenden zu einer weiteren Einsicht verhelfen. Wenn sie die kurzen Texte, die sie in Zusammenarbeit mit anderen Lernenden, geschrieben haben, miteinander vergleichen, werden sie unschwer feststellen, dass sie unterschiedlich sind. Und unterscheiden sie sich vermutlich von der Generierung des Chatbots.

Die Lehrperson sollte die Gelegenheit nutzen, ihren Schülerinnen und Schülern (noch einmal) bewusst zu machen, dass es – auch bei gleichen Inhalten – unterschiedliche Formen gibt, dies zu versprachlichen. Dabei können die Formulierungen durchaus gleichwertig sein, selbst wenn sie sich hinsichtlich der Wortwahl und des Satzbaus unterscheiden. Es geht um die Ausbildung eines individuellen Schreibstils, auch in der englischen Sprache. Als Hausaufgabe können die Lernenden einen kurzen Text (ca. fünf Sätze) zur Frage „Was versteht man unter einer Zeitreise?" verfassen. Die Lehrperson weist die Schülerinnen darauf hin, dass sie alle möglichen Internet-Quellen nutzen können, aber nicht auf ChatGPT zurückgreifen sollten. Denn sie plant einen Museumsrundgang mit ausgewählten Texten der Lernenden, die mit dem Output von ChatGPT verglichen werden sollen.

Prompt: What is meant by time travel?

ChatGPT

Time travel refers to the theoretical concept of moving between different points in time, either forward or backward, similar to how we move through space. In essence, it involves the idea of visiting or experiencing events from the past or future.

There are various interpretations and theories about time travel, both in scientific and fictional contexts:

1. **Scientific Theories:**
   - **Special Relativity:** Albert Einstein's theory of special relativity suggests that time is relative and can pass at different rates for different observers depending on their relative motion. This theory allows for the possibility of time dilation, where time appears to pass differently for different observers in relative motion.

- **General Relativity:** This theory extends the concept of special relativity to include gravitational fields. It predicts that intense gravitational fields can warp spacetime, potentially allowing for time dilation near massive objects.

2. **Fictional Depictions:**
   - **Wormholes:** Often depicted in science fiction, a wormhole is a hypothetical tunnel-like structure that connects two distant points in spacetime. If stable and traversable, a wormhole could allow for instantaneous travel between different times and locations.
   - **Time Machines:** Popularized by H.G. Wells' novella "The Time Machine," a time machine is a fictional device that allows a person or object to travel through time.
   - **Alternate Realities:** Some stories explore the concept of parallel universes or alternate realities where time may flow differently, allowing for interactions between different time periods.

It's important to note that as of my last knowledge update in September 2021, time travel remains a theoretical concept and has not been realized or demonstrated in a practical, scientific manner. While some aspects of time travel are supported by the principles of relativity, the engineering challenges and unknowns associated with creating a functioning time machine are substantial.

In popular culture, time travel is a common theme in science fiction literature, movies, and television shows, and it is often used as a plot device to explore various hypothetical scenarios and their consequences.

Zunächst sollten die Lernenden ihre eigenen Texte mit dem Output der KI zu vergleichen. Haben sie selbst auch eine deutliche

Unterteilung in wissenschaftliche Erklärungen und fiktionale Darstellungen vorgenommen? Auf alle Fälle bietet sich ein Folgeprompt an.

Prompt: Use simpler phrases. Write no more than five sentences.

ChatGPT

Time travel means going to the past or future, like in movies. Some scientists think it might be possible, based on ideas from famous physicist Albert Einstein. He said time can change depending on how fast you're moving or how strong gravity is. But right now, time travel is still just a cool idea in books and movies, not something we can really do.

Selbst diese kurze Generierung dürfte nicht den Texten entsprechen, welche die Schülerinnen und Schüler geschrieben haben. Beide Generierungen können den Lernenden verdeutlichen, dass man zwar zahlreiche Anregungen und Vorschläge von ChatGPT und ähnlichen KIs erhalten kann, dass es aber letztlich darauf ankommt, auch im Englischen einen eigenen Schreibstil zu entwickeln. Dazu beitragen kann ein Vergleich des Outputs verschiedener KI-Sprachmodelle auf der Grundlage desselben Prompts.

Kap. 7 Future prospects: What we can do

In the following brief reflections, I will focus on what we can expect from AI systems in the near future for schools and teaching and how we should deal with them.

The basic prerequisite is that we do not succumb to the hype and secret something into the tools that they do not contain: Humanity or human-like behavior. Rather, they are largely perfected machines that developers will continue to work on. We do not know how fast they will make progress. As far as the hype is concerned, the following statement should not go unnoticed: In Q2 2023, the number of users of ChatGPT decreased, albeit at a high level. Gerrit De Vynck concludes in the Washington Post, July 7, 2023: "ChatGPT loses users for the first time, shaking faith in AI revolution" (De Vynck 2023, wp.com; more recent posts by the tech reporter in the Washington Post).

What we should primarily achieve is minimizing the influence of ChatGPT and similar tools on our moral judgment and decisions. Since an AI cannot be held accountable, it is up to us to abandon the idea that a chatbot can give us advice on upcoming decisions. Children and young people in particular must be prepared by their parents and especially by their teachers for dealing with the tools in such a way that they see an AI for what it is: a machine without moral awareness or decision-making capacity, with whose help routine tasks can be completed more easily and which can be used as inspiration in certain cases, always provided that one has sufficient expertise oneself and-/-or checks the generations using relevant sources. Teachers should become alert when they notice that individual learners are making their views and-/-or mood too dependent on the output of an AI system. They should either guide their learners to question the AI itself about its influence on the user's personality or, better yet, embed relevant findings in a short story so that learners can view the facts of being influenced by a bot like ChatGPT from the necessary distance.

As machines become more powerful and able to assist us in many tasks, we need to realize that appropriate prompting will be even more important in the future than it is today. In my opinion, experimenting and exercising patience is not enough. It is best to create collections of prompts for different uses that have worked particularly well. Such activities also help to see an AI for what it is.

As for the further development of existing AI language models, it is announced that chatbots will increasingly write in the style of the respective user and no longer in the diction of the web or Wikipedia. Teachers may initially fear that this will lead to even more attempts at deception because students will no longer have to worry that the teacher might recognize ChatGPT's style. Rather, I see a great opportunity in the aforementioned announcement: most of us, not just students, need to improve our writing style. When we consider the generations of an AI, most of us will find that the output does not meet their expectations and gradually come to realize that we need to work on improving our style. Then the demand for texts and narratives written using ChatGPT will decrease. **It's no longer about writing with the help of AI, it's about improving your own writing because of AI!**

Arbeitsblätter zum Download

1.
Erklärung zur Nutzung von KI-Systemen

Bei der Abfassung dieses Textes und/oder der Wiedergabe des Bildmaterials habe ich folgende KI-Tools genutzt:
[Name des/der KI basierten Systeme]

a.
b.
c.

Dabei habe ich folgende Prompts (Eingabeaufforderungen in Form von Fragen und/oder Anweisungen) verwendet.

a.
b.
c.

Ich füge die von den KI-Systemen generierten Ergebnisse im Wortlaut an:

1. ....
2. ....
3. ....

Declaration on the use of AI systems

In writing this text and/or reproducing the visual material, I have used the following AI-tools:
[name of the AI-based system(s)]

a.
b.
c.

I have made use of the following prompts (in form of questions and/or instructions).

a.
b.
c.

Find attached the wording of the results generated by the AI systems:

1. ....
2. ....
3. ....

Download:
https://ibidem-verlag.de/downloads/1925_unterrichtsbeispiel01.docx

2.
Measuring the intelligence of a machine

1. Read the following text.

In a scientific article published in 1950, Alan Turing, an English mathematician, explores the question of whether machines can think. Turing speaks of a "thinking machine" and admits that an exact definition of the term "thinking ability" is not possible. He therefore proposes a test that is still used today in relation to AI systems such as ChatGPT.

This test involves a written chat. The test subject (C) 'chats' with two unknown partners without visual or acoustic contact, that is without seeing or hearing them. One of the partners (B) is a human, while the second 'conversation partner' (A) is a chatbot with a text-based dialog system.

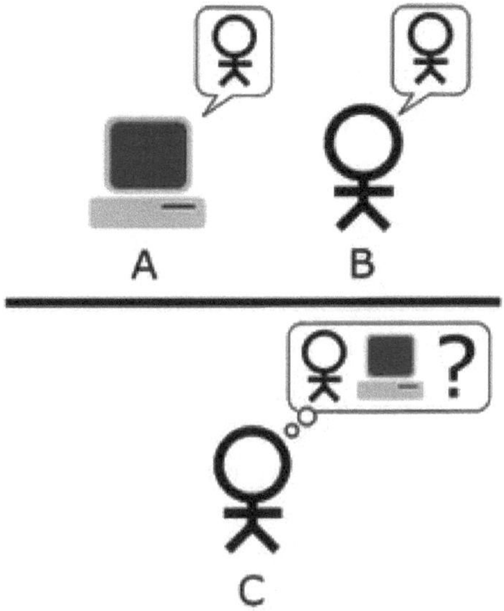

(cf. De Florio-Hansen 2020, p. 43)

If the test person does not recognize the chatbot as such and mistakes it for a human, then the machine behind it has passed the test and can be considered intelligent. In this sense, ChatGPT can be considered 'intelligent' because the system sometimes generates texts that even experts cannot clearly assign to a human or an AI system.

2. Explain to your tandem partner how the Turing test works using the above illustration. Then share your ideas about the test in plenary. Do you think that the Turing test is a useful tool for measuring the 'intelligence' of a machine? Why? Why not?

Download:
https://ibidem-verlag.de/downloads/1925_unterrichtsbeispiel02.docx

3.
Algorithms, machine learning and artificial neural networks – without these three technologies, there would be no AI systems

I. What is an algorithm?

An algorithm is a clear set of instructions for solving problems. For example, cooking recipes and traffic rules are .... on algorithms. If you follow the input specifications and other rules, you can expect a certain .... In recent decades, the term has mainly been associated with the .... of computer systems. While the algorithms of earlier times were only designed for one or closely .... functions, they have been further developed to the extent that they can generate impressive results .... human assistance.

Fill in the gaps: related functioning without based result

II. What is machine learning?

Another important prerequisite for the impressive solutions of newer AI systems is machine learning. In conjunction with advanced algorithms, **machine learning enables AI to generate a wide range of solutions without human assistance.** Therefore it is called unsupervised learning.

Many users associate the output with consciousness, thinking, emotions and empathy. As sophisticated as the systems may be, they are based on mathematical calculations in the form of statistical models. They have no understanding of the world and do not know the meaning of the words and texts they generate.

Put simply, an AI language model such as ChatGPT uses an input text segment to calculate which word or words are most likely to follow the input and processes them into the output.

Answer the following questions:

1. Why is machine learning qualified as unsupervised?
2. What does it mean that AIs are based on mathematical calculations in the form of statistical models?

III. What about the artificial neural networks?

That machine learning is so successful is also due to the fact that it is increasingly based on **replicating the neural networks (artificial neural networks) of the human brain.** The term deep learning is often used in connection with artificial neural networks. It has not yet been determined how many layers should lie between input and output for machine learning to be considered deep learning.
Complete the following sentences:

1. AI imitates the human brain replicating
   ....
2. Deep Learning depends on the number of layers between
   ....

Download:
https://ibidem-verlag.de/downloads/1925_unterrichtsbeispiel03.docx

4.
The German school system

1. Write a letter to your exchange partner Patrick in Boston. He (17 years old) would like to know details about the German school system. Explain the most important details in an understandable way.
   ....
   ....
2. Give your copy to your tandem partner who perhaps will suggest to you some improvements. Discuss your results.
   ....
   ....

3. Your teacher will give you a sample letter. Read it and discuss in groups of four if and in which parts this example is more appropriate than your own letters. Explain why or why not.

 ....

 ....

Zusatz

Die Erarbeitung einer Schülerin oder eines Schülers könnte etwa wie folgt lauten:

Dear Patrick,

I hope you are doing well and have had a successful start to the new school year.
As far as your question about our school system is concerned, I'll describe it in the most important aspects. If you have any further questions, please write to me.
First, all children attend elementary school (grades 1 to 4 inclusive). Compulsory schooling begins at the age of 6.
After that, there are three different types of school in most federal states, which is why the German school system is called tripartite. We have the Hauptschule, the Realschule and the Gymnasium. The Hauptschule and the Realschule end with the 9th or 10th school year. The requirements in the Hauptschule are lower than in the Realschule and in the Realschule lower than in the Gymnasium, which ends with the Abitur after the 12th or 13th school year. Whereas the Haupt- and the Realschule lead to jobs with vocational training, the Abitur allows the student to attend a university.
Hopefully my explanations are clear enough so that you can get an idea of our quite complicated school system which vary from federal state to state. In some states there are also Gesamtschulen which incorporate the three forms of schools mentioned above.

Best wishes

Download:
https://ibidem-verlag.de/downloads/1925_unterrichtsbeispiel04.docx

5. Den Output einer KI überprüfen und anpassen

1. Diskutiert im Tandem oder in einer Vierergruppe darüber, wie man den Output einer KI wie ChatGPT auf Richtigkeit und Angemessenheit überprüfen kann. Dazu könnt ihr folgendes Beispiel nutzen:

Prompt: Wer war Wolfgang Herrndorf? Wodurch ist er bekannt geworden?

ChatGPT

Wolfgang Herrndorf war ein deutscher Schriftsteller und Maler, geboren am 12. Juni 1965 in Hamburg und gestorben am 26. August 2013 in Berlin. Er wurde vor allem durch seinen Roman "Tschick" bekannt, der 2010 veröffentlicht wurde. Das Buch erzählt die Geschichte von zwei Jugendlichen, Maik Klingenberg und Andrej Tschichatschow (genannt Tschick), die in einem gestohlenen Lada quer durch Ostdeutschland reisen. "Tschick" wurde ein großer Erfolg und erhielt mehrere Auszeichnungen, darunter den Deutschen Jugendliteraturpreis.

Herrndorf schrieb auch andere Romane, darunter "In Plüschgewittern" (1995) und "Sand" (2011). Neben seiner schriftstellerischen Tätigkeit war er als Maler und Illustrator tätig.

Leider litt Wolfgang Herrndorf an einer schweren Krankheit, einem Gehirntumor, und nahm sich im August 2013 das Leben. Sein Tod war ein großer Verlust für die deutsche Literatur.

2. Nennt mindestens drei Möglichkeiten, wie man die Darstellung insgesamt sowie in Einzelheiten überprüfen kann. Diskutiert im Plenum über euere Ergebnisse.

    a.) ....
    b.) ....
    c.) ....

3. Stellt euch vor, ihr solltet euch mit Hilfe erster Informationen über den Autor auf die Lektüre von „Tschick" vorbereiten und dazu als Hausaufgabe einen kurzen Text schreiben, wie würde euer eigener Text aussehen? Schreibt im Tandem einen Text und vergleicht ihn anschließend mit dem Output von ChatGPT. Was habt ihr übernommen? Warum? Was habt ihr verändert? Warum? Sprecht über euere Eindrücke im Plenum.

4. Ein Experte empfiehlt das Verfahren EDIT zur Überprüfung und Anpassung der Generierungen von KI-Systemen:

> Evaluieren (Überprüfen) Sie den Inhalt des Outputs in Bezug auf Sprache, Fakten und Struktur.
> Determinieren (Bestimmen) Sie die Genauigkeit und untermauern Sie sie mit Quellen.
> Identifizieren (Erkennen) Sie Verzerrungen und Fehlinformationen im Output.
> Transformieren (Verändern) Sie den Inhalt durch Anpassungen und neue Einsichten.
> (Fitzpatrick u.a. 2023, S. 100 ff.; eigene Übersetzung)

Überlegt im Tandem oder in Viergruppen, inwieweit ihr die von Fitzpatrick genannten Punkte berücksichtigt habt. Haltet Ihr das Modell EDIT für zielführend? Warum? Warum nicht? Diskutiert darüber im Plenum.

Mit fortgeschrittenen Schülerinnen und Schülern kann die vorgeschlagene Unterrichtsaktivität auch weitgehend auf Englisch durchgeführt werden. Im Original gibt Fitzpatrick weiterführende Hinweise:

> Evaluate your AI output content for language, facts and structure.
> - How can you determine whether a statement in the generative AI output is a fact or an opinion? Are there any specific indicators or cues to look for?
> - Are there any statements in the generative AI output that seem unlikely or implausible?
>
> Determine accuracy, and corroborate with source.
> - Does the generative AI output provide evidence to support the statements? What kind of evidence is presented, and is it reliable and credible?

- Are there any statements in the AI-generated text that need to be corroborated with additional source or evidence? How can you find and cite these sources?
- How can you ensure that the information presented in the AI-generated text is up-to-date and reflects the most current research and data on the topic?

Identify biases and misinformation in the output.

- Does the text provide a limited or biased view of the topic? How can you provide additional perspectives to balance the writing?
- Are there any specific words or phrases in the AI-generated text that suggest a particular bias or perspective?
- Are there any logical fallacies present in the AI-generated text such as circular reasoning or appeals to emotion?

Transform content to reflect adjustments and new findings.

- Does the AI-generated text sound like something a human would say or write? Why or why not?
- How does the AI-generated text make you feel? Does it have an emotional impact? Why or why not?
- Can you provide a personal anecdote of experience to relate to the reader? Why or why not? (Fitzpatrick u.a. 2023, S. 116)

Download:
https://ibidem-verlag.de/downloads/1925_unterrichtsbeispiel05.docx

6. Student exchange – a critical analysis of the output of ChatGPT

1. Read the following output of ChatGPT attentively and sign all the passages that you consider too detailed. Compare your results in tandems or groups of four and indicate how you would have presented the content in a shorter form. Limit yourselves to the section on the advantages.

Prompt: What are the advantages of a student exchange to the UK or the USA for German learners of English as a foreign language? What should be considered?

ChatGPT

Participating in a student exchange program to the UK or the USA can offer numerous advantages for German learners of English as a foreign language. Here are some benefits and considerations:

Advantages:

1. **Language Immersion:** Immersing oneself in an English-speaking environment provides an unparalleled opportunity to enhance language skills. Daily interactions, academic studies, and cultural experiences contribute to improved fluency.
2. **Cultural Exposure:** Experiencing life in the UK or the USA exposes students to diverse cultures, customs, and traditions. This cultural immersion not only broadens their understanding but also helps them become more open-minded and globally aware.
3. **Academic Enrichment:** The educational systems in the UK and the USA are highly regarded internationally. Experiencing different teaching methods, engaging with new academic challenges, and accessing resources at renowned institutions can greatly enhance a student's academic profile.
4. **Networking and Social Skills:** Living in a foreign country encourages students to make new friends, build relationships, and navigate different social contexts. This fosters the development of interpersonal skills and expands their professional and social networks.
5. **Personal Growth:** Facing new challenges, being away from the familiar environment, and adapting to a new culture contribute to personal growth. Students often become more independent, resilient, and self-confident.
6. **Global Perspective:** Experiencing life in another country broadens one's perspective on global issues. It allows students to see things from different cultural viewpoints and fosters a more global mindset.

Considerations:

1. **Cost:** Studying abroad can be expensive. Consider the costs associated with tuition, accommodation, meals, travel, and other living expenses. Look into scholarships and financial aid options that may be available.
2. **Visa Requirements:** Understand the visa requirements for the UK or the USA and ensure that all necessary documentation is in order. This may include proof of enrollment, financial stability, and health insurance.
3. **Homesickness:** Being away from home for an extended period can be emotionally challenging. Students should be prepared for potential homesickness and develop coping mechanisms.
4. **Cultural Adjustment:** Adjusting to a new culture can take time. Encourage students to be patient, open-minded, and willing to adapt to cultural differences.
5. **Academic Planning:** Ensure that the courses taken during the exchange program align with the student's academic goals and requirements. Check credit transfer policies to ensure that the academic credits earned abroad will be recognized by their home institution.
6. **Safety and Health:** Research the safety and healthcare systems in the host country. Obtain necessary vaccinations, if required, and familiarize yourself with emergency procedures.
7. **Language Proficiency:** While the goal is to improve English proficiency, it's essential for students to have a basic level of proficiency before embarking on the exchange program to ensure they can navigate daily life effectively.

In summary, a student exchange to the UK or the USA can be a transformative experience, providing language improvement, cultural enrichment, and personal growth. Careful planning, consideration of costs, and preparation for potential challenges are crucial aspects to ensure a successful and fulfilling experience.

2. In groups of four write a single version on an extra sheet of paper and hang it up in the classroom. In a "museum tour" take note of your classmates' versions. Then share your impressions and experiences in plenary.

3. As homework, adapt the 2nd section of the output on the Considerations accordingly and present your results in the next lesson.

4. Discuss why AI language models, especially ChatGPT, are very verbose for most content.

Download:
https://ibidem-verlag.de/downloads/1925_unterrichtsbeispiel06.docx

7.
Wie steht es mit unserer beruflichen Zukunft?

1. Lest die folgende Generierung durch. Vermerkt (am besten in Tandems) Abschnitt für Abschnitt am Rand, worin die Aussage besteht. Anschließend fasst ihr die generierten Argumente in drei bis fünf Sätzen zusammen. Sprecht im Plenum über die Inhalte des Outputs sowie die sprachliche Gestaltung.

Prompt: Werden KI-Sprachmodelle Arbeitsplätze vernichten?

ChatGPT

Die Auswirkungen von KI-Sprachmodellen auf Arbeitsplätze sind komplex und hängen von verschiedenen Faktoren ab. Einerseits können KI-Sprachmodelle bestimmte repetitive und datenintensive Aufgaben automatisieren, was zu einer Effizienzsteigerung und Kosteneinsparungen führen kann. Andererseits könnten einige Jobs, die bisher von Menschen durchgeführt wurden, durch Automatisierung ersetzt werden.

Es ist wichtig zu beachten, dass KI-Technologien auch neue Arbeitsmöglichkeiten schaffen können. Die Entwicklung,

Implementierung und Wartung von KI-Systemen erfordern Fachkenntnisse, die wiederum neue Berufsfelder schaffen können. Darüber hinaus können KI-Systeme dazu beitragen, menschliche Arbeitskräfte zu unterstützen und deren Produktivität zu steigern, anstatt sie zu ersetzen.

Es ist jedoch unbestreitbar, dass einige Arbeitsplätze durch Automatisierung verloren gehen könnten, insbesondere in Bereichen, in denen Aufgaben leicht durch maschinelles Lernen und KI übernommen werden können. Es wird daher immer wichtiger, dass Arbeitskräfte sich weiterbilden und sich auf Tätigkeiten konzentrieren, die schwer automatisierbar sind, wie kreative und soziale Fähigkeiten.

Die Auswirkungen auf den Arbeitsmarkt variieren je nach Branche, Region und Art der Tätigkeit. Eine umfassende und flexible Bildung, die die sich ändernden Anforderungen des Arbeitsmarktes berücksichtigt, ist entscheidend, um mit den Veränderungen, die KI und Automatisierung mit sich bringen, Schritt zu halten. (Generierung vom 15. November 2023)

1. Nehmt die sprachliche Form der Generierung von ChatGPT noch einmal unter die Lupe und gebt an, welche Stellen ihr anders formuliert hättet. Macht entsprechende Vorschläge und stellt sie im Plenum vor.

2. Vergleicht die deutschsprachige Generierung mit dem englischen Output auf denselben Prompt (sie erfolgte unmittelbar im Anschluss an die deutsche Fassung). Welche Ähnlichkeiten und welche Unterschiede nehmt ihr wahr? Sprecht darüber zunächst in Kleingruppen und anschließend im Plenum.

Prompt: Will AI language models destroy jobs?

ChatGPT

The impact of AI language models, like GPT-3, on employment is a complex and debated topic. While AI technologies have the potential to automate certain tasks traditionally performed by humans, they also create new opportunities and can enhance productivity in various industries. The effects on employment depend on several factors:

1. **Job Displacement:** Some routine and repetitive tasks may be automated, potentially leading to job displacement in certain industries. Jobs that involve manual, repetitive, or rule-based tasks are more susceptible to automation.
2. **Job Creation:** AI technologies can create new job opportunities. As AI systems become more prevalent, there will be a growing demand for individuals with expertise in developing, maintaining, and improving AI technologies. New roles may also emerge in areas where human-AI collaboration is crucial.
3. **Skill Shift:** The rise of AI may lead to a shift in the skills required in the job market. There may be an increased demand for skills related to AI, data science, machine learning, and other technical areas. Adaptability and a willingness to learn new skills will become increasingly important.
4. **Increased Efficiency and Productivity:** AI language models can automate routine and time-consuming tasks, allowing humans to focus on more complex and creative aspects of their work. This can lead to increased efficiency and productivity in various industries.
5. **Ethical and Social Impacts:** The deployment of AI raises ethical and social considerations. As AI becomes more integrated into various aspects of society, there may be a need for new regulations, policies, and ethical guidelines to ensure responsible AI use.

Ultimately, the impact of AI on jobs will depend on how society, businesses, and policymakers navigate these challenges. While certain jobs may be automated, others may be created or augmented by AI. Proactive measures, such as education and training programs to equip the workforce with the necessary skills, can help mitigate potential negative impacts on employment.

Additionally, the responsible development and deployment of AI technologies with consideration for ethical and societal implications will play a crucial role in shaping the future relationship between AI and jobs.

Download:
https://ibidem-verlag.de/downloads/1925_unterrichtsbeispiel07.docx

8.
What about digital responsibility, digital maturity and digital literacy?

1. Read through the following statements and mark how important you think each statement is with regard to digital maturity.

    a. You should compare every piece of information from the internet with several sources.

    1.very important 2. important 3. less important

    b. You should not pretend to have done something yourself that was done by an AI or another digital resource.

    1.very important 2. Important 3. Less important

    c. You should protect your own data and not post any unnecessary information online.

    1.very important 2. important 3. less important

    d. You should check strange-sounding statements to avoid being taken in by fake news.

    1.very important 2. important 3. less important

    e. You should frequently ask yourself whether a text was produced by a human or an AI.

    1.very important 2. important 3. less important

    f. Be careful with the data of other users.

    1.very important 2. important 3. less important

    g. Know the technical basics of the new AI systems.

1.very important 2. important 3. less important

h. You should not blindly trust illustrations, but investigate the sources.

1.very important 2. important 3. less important

2. Compare your results in plenary and discuss possible reasons for your judgements.

Download:
https://ibidem-verlag.de/downloads/1925_unterrichtsbeispiel08.docx

9.
From a good prompt to successful prompting

1. Read the following suggestions. Together with your tandem partner mark the important expressions in every rule.

Rule no. 1: A good prompt provides clear and specific instructions.

But even if you follow this rule, in most cases you won't get the desired output. As a rule, several prompts are required, hence the term prompting. That is why most experts recommend prompting in several steps.

Rule no. 2: When crafting a prompt, include relevant background information to help the AI better understand the context.

In the example with the short story in one of the last lessons, the context was given: "... easy to understand for students who are learning English as a foreign language in their fourth year".

Rule no. 3: In most cases engaging in a conversation with the AI and asking questions can lead to better results.

Do you have an idea, why a conversation offers better results? Look at the following rule.

Rule no. 4: Offer step-by-step directions, that is break down the task into smaller, actionable steps.

Rule no. 5: Last but not least: Start with an initial response from the AI, then ask for changes, improvements, or clarifications as needed (Mollick 2023: https://www.oneusefulthing.org/p/one-sentence ; letzter Zugriff Dezember 2023)

Rule no. 6: Also pay attention to the grammar. The choice of words and sentence structure have a major influence on the output.

2. Make a list of the most important points:

Good prompting consists of:
1. clear and specific instructions
2. ....
3. ....
4. ....
5. ....
6. ....

Download:
https://ibidem-verlag.de/downloads/1925_unterrichtsbeispiel09.docx

10.
Rules for good prompting

A well-known expert (and his co-authors) recommend a procedure in four steps PREP (Prompt, Role, Explicit, Parameters).

1. Read the following recommendations. In your tandem or a group of four add further examples of prompts. You would like to design a website on which you present your school in English.

Prompt: Introduce the question/task with a prompt.

Examples:

Create an academic quiz about …

Read the following text and be prepared to answer questions on it.

Grade this answer and give reasons for your judgement.

…………………………………………………………………………………

…………………………………………………………………………………

…………………………………………………………………………………

…………………………………………………………………………………

Role: Give it a role or voice.

Examples:

You are an experienced teacher who is an expert at creating quizzes that engage and challenge students.

You are a qualified examiner who grades English exam papers. You are renowned for your impartiality and fair marking.

You are Atticus Finch, the character from To Kill a Mockingbird.

…………………………………………………………………………………

…………………………………………………………………………………

…………………………………………………………………………………

…………………………………………………………………………………

Explicit: Be explicit in your instructions.

Examples:

Write five questions. Make sure that the questions develop a deeper understanding. Use various question types. Provide answers at the end.

Respond in a table with three columns. The three columns should be titled …

Make complex ideas easy to understand.

....

....

....

....

Parameters: Set the parameters of the answer.

Examples:

Write this in 100 words with a reading age of 11 years old.

Format this with headings, subheadings, and bullet points.

Write this in British English.

Write this in a formal and caring tone. (vgl. Fitzpatrick u. a. 2023, S. 90-94)

....

....

....

....

2. Discuss your suggestions in plenary.
3. Your teacher will enter some of your prompts in ChatGPT or another AI-system and show you the results.
4. Is this what you expected? If you are dissatisfied with the output, explain your reasons. Is there anything you didn't consider when prompting? Talk about it in plenary.

Download:
https://ibidem-verlag.de/downloads/1925_unterrichtsbeispiel10.docx

11.
The Difference between Zero-Shot Prompting und Few-Shot-Prompting

1. Read the following text and explain the difference between the two ways of prompting in your own words.

So far, you've probably only come across zero-shot prompting. You enter a prompt that is as meaningful as possible and usually also follow-up prompts in order to obtain the desired output. This method is called zero-shot prompting. Another prompting method is few-shot prompting, in which you include one or better several examples in your prompt.

....

....

2. Have a look at the following example:

Prompt: The capital of France is Paris. The capital of Great Britain is London. The capital of the United States is

ChatGPT

Washington, D.C.

3. Discuss in your tandem or a group of four and then in plenary what the advantages of Few-Shot-Prompting are. Take notes:

....

....

Download:
https://ibidem-verlag.de/downloads/1925_unterrichtsbeispiel11.docx

12.
How to create a survey about your use of electronic devices

1. You want to know more about how your classmates use electronic devices during the lessons. ChatGPT has created a proposal for a questionnaire. In tandems read it attentively. Mark important points and cross out points you consider unimportant.

Prompt: Create a survey to ask classmates about their use of electronic devices. Work out a questionnaire.

ChatGPT

Sure! Here's a survey questionnaire about electronic devices that you can use in your class:

Survey Title: Electronic Devices Usage in Our Class

Introduction: This survey aims to gather information about the electronic devices used by students in our class. Your participation is voluntary, and all responses will remain confidential. Please answer the following questions honestly.

1. **Personal Information:**
   - Name (Optional):
   - Grade/Class:
2. **Do you own a smartphone or mobile device?**
   - Yes
   - No
3. **If you own a smartphone or mobile device, what brand and model do you use? (e.g., iPhone 12, Samsung Galaxy S21, etc.)**
4. **How often do you use your smartphone or mobile device during class hours?**
   - Rarely
   - Sometimes
   - Frequently

- Always

5. **What do you primarily use your smartphone or mobile device for during class? (Check all that apply)**
   - Taking notes
   - Checking notifications
   - Browsing the internet
   - Texting or messaging
   - Playing games
   - Other (please specify):

6. **Do you bring a laptop or tablet to class for academic purposes?**
   - Yes
   - No

7. **If you bring a laptop or tablet, what do you primarily use it for during class? (Check all that apply)**
   - Taking notes
   - Researching
   - Accessing course materials
   - Communicating with classmates or instructors
   - Other (please specify):

8. **How often do you feel that electronic devices (smartphones, laptops, tablets, etc.) distract you from focusing on class activities or lectures?**
   - Rarely
   - Sometimes
   - Frequently
   - Always

9. **Have you ever used electronic devices for collaborative activities or group projects in class?**
   - Yes
   - No

10. **Do you have any suggestions or ideas on how electronic devices could be better integrated into our class activities?**

11. **Additional Comments or Feedback (Optional):**
Feel free to use or modify this survey as needed for your class. If you have any specific topics or questions you'd like to add, feel free to let me know!

Voc: check all that apply: Zutreffendes ankreuzen;

2. Talk about your results in plenary.

3. ChatGPT invites you to modify the survey: What would you add? In groups of four talk about modifications. Take notes and discuss your proposals in plenary.

As homework create a new questionnaire on the basis of your proposals. Your teacher will ask some of you to expose their survey in class for a "museums tour".

Download:
https://ibidem-verlag.de/downloads/1925_unterrichtsbeispiel12.docx

Glossary

AI takeover

Pop culture often focuses on the AI/Artificial Intelligence takeover. It is based on the idea that AI could one day replace human intelligence and thus humanity itself. What is considered possible in science fiction is not, according to most scientists, the case in reality, especially because AI-based systems generally do not have an inherent instinct for power. Moreover, despite the considerable progress of AI language models and other generative AI systems, we are still a long way from so-called strong AI. Forms of weak AI dominate, based solely on mathematical calculations and lacking human characteristics such as consciousness, emotion, and empathy.

Algorithm

An algorithm is a unique set of instructions for solving problems and has initially nothing to do with AI. For example, cooking recipes and traffic rules are based on algorithms. In the context of computer program execution, algorithms have taken on increasingly complex forms in recent decades. The process instruction should consist of a precisely defined sequence of steps to lead to the solution of the given problem. But even then, algorithms are only as goal-oriented as the data on which they are based.

Chatbot

This form of AI language model allows users to engage in a (human-like) dialogue with an AI and exchange information via text-based sources in natural language. Chatbots have been around since the 1960s. Recently, they have reached a peak with the development of ChatGPT by the company OpenAI, and LaMDA (Language Model for Dialogue Applications) and Bard by Google.

Deep Learning

This particular form of machine learning is based on the fact that there are multiple layers between input and output, which significantly improve AI systems. Until now, it has not been defined how many layers must be between input and output for machine learning to be considered Deep Learning. All recent AI language models are based on Deep Learning.

Detector

Various detectors have been developed to discover the use of AI language models, e.g., in doing homework through ChatGPT, such as GPTZero or NoGPT. However, studies have shown that these methods do not provide clear results. At times, texts generated by an AI were said to be written by humans, while texts written by humans were attributed to an AI. Moreover, all previous detectors are only effective at all when the entire text is involved. Individual recourse to an AI system cannot be investigated with it so far.

Foundation Model

Foundation models are the basis of most AI systems. ChatGPT is also based on a Foundation Model. It was adapted specifically for chatting and then used as the basis for ChatGPT.

Generation

The output of an AI language model and other AI-based systems is called generation. It is done based on a so-called prompt (see below).

Hallucination

"Hallucinations" of AI systems consist of the AI generating trustworthy-sounding responses that are not justified by the training data, among other content deficiencies. Such misinformation occurs particularly in AI language models such as ChatGPT and has become known to a wider public through the millions of times this chatbot has been used. The exact cause of hallucination in AI systems is as yet unknown. Researchers suspect that the generation of unjustified content is one of the biggest problems of AI language models.

Large Generative AI Models (LGAIMs)

AI language models are just one form of Generative AI systems. LGAIMs generate - beyond speech - images, video, audio, and more in a wide variety of combinations.

Machine Learning

Machine learning is based on **Unsupervised Learning**. It attempts to mimic human learning by learning from examples. This knowledge from experience leads to the building of a statistical model, which in the case of AI language models leads to speech and text recognition without the need for humans to program it.

Natural Language Processing (NLP)

This AI method, also called computational linguistics, makes use of natural language analysis, understanding, and generation. It underlies most AI language models, but is also applied to other generative AI systems.

Neural Networks

Machine learning has increasingly been based more and more on replicating the neural networks of the human brain. Neurons have numerous functions that contribute significantly to the improvement of AI systems. Both the exchanges among neurons and the reception and transmission of information to the outside world are imitated in machine learning. Advances in mimicking the activities of these networks have contributed significantly to the improvement of AI. It is significant how many layers lie between input and output (cf. **Deep Learning**).

Prompt

The input with which a user can enter into a dialog with an AI language model, no matter what task is given to the system, is called a prompt. Since a single prompt is usually not sufficient to achieve an acceptable result, it is also referred to as prompting or **prompt engineering** (prompt and follow-up prompts).

Reinforcement Learning from Human Feedback

Reinforcement learning from human feedback is a special feature of ChatGPT. RLHF allows the bot to accommodate human preferences and values further than other AI language models. In this form of optimization, a base language model is further adapted to human needs by another AI model, called a reward model.

Supervised Learning

In addition to unsupervised learning, AI language models are optimized through supervised learning. This can consist (as in the case of ChatGPT) of a human trainer taking on the role of users as well as that of the chatbot. The given examples help to ensure that the dialog function of the AI language model is more closely aligned with user expectations.

Turing Test

In 1950, Alan Turing proposed a test to determine whether a machine has human-like thinking capabilities. The test involves a chat between a test person and two unknown interlocutors. There is no visual or auditory contact between the three interlocutors; the exchange takes place in writing. The unknown interlocutors are a human and a chatbot. If the test person does not recognize the chatbot as such, the Turing test was successful and the machine behind it is considered intelligent. This test, which Turing himself never performed and considered more of a thought experiment, has been taken up and discussed again and again. To this day, it is unclear whether an AI language model such as ChatGPT can be said to have passed the test, since the system is based solely on statistical calculations.

Unsupervised Learning

cf. machine learning

Literaturverzeichnis

Aoun, Joseph 2017: Robot Proof. Higher education in the age of Artificial Intelligence. Cambridge, Mass.

Bender, Emily M./Koller, Alexander 2020: Climbing towards NLU: On Meaning, Form, and Understanding in the Age of Data. Annual Meeting of the Association for Computational Linguistics. In: https://aclanthology.org/2020.acl-main.463.pdf, recherchiert am 25.09.2023

Beyer, Dirk 2022: Collecting and structuring ideas online. In: DfU Englisch 177, S. 46-48

Beyer, Dirk 2023: A magizoologists' conference on fantastic beasts. In: DfU Englisch 185, S. 10-16

De Florio-Hansen, Inez 2024a: Visualisieren mit KI. Praxisbeispiele für den Unterricht. Weinheim.

De Florio-Hansen, Inez 2024b: KI-Tools für den Unterricht. Weinheim

De Florio-Hansen, Inez 2023: Intuition im Unterricht. Souverän mit unvorhersehbaren Situationen umgehen. Weinheim

De Florio-Hansen, Inez 2020: Digitalisierung, Künstliche Intelligenz und Robotik. Münster u.a.

De Vynck, Gerrit 2023: ChatGPT loses users for the first time, shaking faith in AI revolution. In: wp.com.07.07.2023, recherchiert am 28.09.2023

Europäische Union 2023: EU AI Act https://www.europarl.europa.eu/news/en/headlines/society/20230601STO93804/eu-ai-act-first-regulation-on-artificial-intelligence, recherchiert am 28.09.2023

Fitzpatrick, Daniel/Fox, Amanda/Weinstein, Brad 2023: The AI classroom. The ultimate guide to artificial intelligence in education. Independently published

Fricke, Dierk/Lindmüller, Johannes,/Kämpfer, Tim 2023: Die humorvollsten Geschichten, die KI jemals geschrieben hat. Berlin

Goodwin, Ross 2018: 1 the Road. Paris

Graff, Bernd 2023: Im Nebel der Bilder. In: Einsichten 1, LMU München, S. 42-47

Hattenstone, Simon 2023: Tech Guru Jaron Lanier: ‚The danger isn't that AI destroys us. It's that it drives us insane'. In: Guardian 23.03.2023, recherchiert am 25.09.2023

Hellmig, Lutz vgl. Bernewasser, Julia: Informatik für alle. In: https://www.zeit.de/gesellschaft/schule/2019-05/digitalisierung-schulen-informatik-unterricht-programmieren-digitalpakt%20Lutz%20Helmig, recherchiert am 28.09.2023

Hessisches Kultusministerium 2023: Künstliche Intelligenz (KI) in Schule und Unterricht. Handreichung für Lehrkräfte zum Umgang mit KI-basierten Anwendungen. Wiesbaden

Kaplan, Jerry 2016: Artificial Intelligence. What everyone needs to know. Oxford.

Klewitz, Bernd 2022: Bilingual unterrichten – CLIL Fachdidaktik. Stuttgart

Klewitz, Bernd 2021: Content and language integrated learning (CLIL). Stuttgart

Kuderewski, Pascal 2023: ChatGPT. Ein neues Zeitalter. Independently published

Kultusministerkonferenz 2022: Lehren und Lernen in der digitalen Welt. Ergänzung zur Strategie der Kultusministerkonferenz „Bildung in der digitalen Welt". Berlin

Lanier, Jaron 2023: There is no A.I. There are ways of controlling new technology – but first we have to stop mythologizing it. In: The New Yorker 20.04.2023, recherchiert am 25.09.2023

Löser, Alexander/Tresp, Volker u.a. 2023: Große Sprachmodelle – Grundlagen, Potenziale und Herausforderungen für die Forschung. Whitepaper aus der Plattform Lernende Systeme. München. In: https://doi.org/10.48669/pls_2023-3, recherchiert am 28.09.2023

McCarthy, John/Minsky, Marvin L./Rochester, Nathaniel/Shannon, Claude E. 1955: A proposal for the Dartmouth summer research project on Artificial Intelligence. In: https://web.archive.org/web/20080930164306/http://www-formal.stanford.edu/jmc/history/dartmouth/dartmouth.html, recherchiert am 25.09.2023

Marcus, Gary 2012: Deep Learning; A Revolution in Artificial Intelligence. In: The New Yorker 25. Nov. 2021

Meidinger, Hans-Peter (Geleitwort) vgl. Weinert, Frederik

Ministerium für Schule und Bildung Nordrhein-Westfalen (2023). Umgang mit textgenerierenden Systemen. Eine Handlungsleitfaden. Düsseldorf

Mollick, Ethan 2023: One sentence. In: https://www.oneusefulthing.org/p/one-sentence; recherchiert am 28.09.2023

Mollick, Ethan 2023: Now is the time for grimoires. In: https://www.oneusefulthing.org/p/now-is-the-time-for-grimoires; recherchiert am 28.09.2023

Müller, Silke 2023: Wir verlieren unsere Kinder! Gewalt, Missbrauch, Rassismus – Der verstörende Alltag im Klassenchat. München

O'Connor, Ryan 2023: How Reinforcement Learning from Human Feedback works. In: https://www.assemblyai.com/blog/author/ryan/, recherchiert am 28.09.2023

Pierce, David 2023: Google says its Bard isn't a search engine – so what is it? In: https://www.theverge.com/authors/david-pierce, recherchiert am 25.09.2023

Plank, Barbara 2023: Chat GPT ist der Beginn einer neuen NLP-Ära – aber es ist noch ein langer Weg. In: www.lmu.de › de › die-lmu, recherchiert am 28.09.2023 https://bplank.github.io/publications.html, recherchiert am 28.09.2023

Roth, Gerhard/Strüber, Nicole 2018: Wie das Gehirn die Seele macht. München

Saxena, Muskaan 2023: Hands on: Google Bard – our first impressions of the ChatGPT rival. In: https://www.techradar.com/reviews/google-bard, recherchiert am 25.09.2023

Schäfer, Jan 2023: Prompts für KI – Definition und Beispiele für ChatGPT & Midjourney. In: https://konfuzio.com/de/prompts/, recherchiert am 28.09.2023

Sharma; Upanishad 2023: 125+ Best ChatGPT Prompts for all kinds of workflow. In: https://beebom.com/best-chatgpt-prompts/, recherchiert am 25. Sept. 2023

Skrabut, Stan 2023: 80 ways to use ChatGPT in the classroom. Independently published

Strasser, Thomas/Schmidt, Torben 2023: Don't trust the machine? In: DfU Englisch 184, S. 20-27

Tamkin, Alex/Brundage, Miles/Clark, Jack/and Deep Ganguli 2021: Understanding the Capabilities, Limitations, and Social Impact of Large Language Models. In: https://www-nlp.stanford.edu/pubs/tamkin2021understanding.pdf, recherchiert am 28.09.2023

Toner, Helen 2023: Try thinking of chatbots as 'improv machines'. In: (at)hlntnr) ti.me/3MXZe1N, recherchiert am 25.09.2023

Whately, Ben 2023: 3 Principles for prompt engineering with GPT-3. In: www.linkedin.com › pulse › 3-principles-prompt-engineering-gpt, recherchiert am 25.09.2023

Weinert, Frederik 2019: Digitalkunde als Schulfach. München

Winkler, Christian 2023: Großes KI-Sprachmodell am eigenen Rechner. Ein LLaMA für die Westentasche. In: https://www.heise.de/hintergrund/Grosses-KI-Sprachmodell-am-eigenen-Rechner-Ein-LLaMA-fuer-die-Westentasche-7624131.html, recherchiert am 28.09.2023

Yao, Marya 2023: Top 6 NLP Language Models Transforming AI in 2023. In: https://appliedaibook.com/top-language-models-2023, recherchiert am 28.09.2023 *ibidem*.eu